[加] 鲍勇剑

[加] 奥雷克谢·奥西耶夫斯基
(Oleksiy Osiyevskyy) ·

邓贻龙

著

数字化时代的商业模式转型

ZHEJIANG UNIVERSITY PRESS
浙江大学出版社

图书在版编目（CIP）数据

数字化时代的商业模式转型 / （加）鲍勇剑，（加）奥雷克谢·奥西耶夫斯基，邓贻龙著. -- 杭州：浙江大学出版社，2021.12

ISBN 978-7-308-21725-5

Ⅰ. ①数… Ⅱ. ①鲍… ②奥… ③邓… Ⅲ. ①数字技术—影响—商业模式—研究 Ⅳ. ①F71-39

中国版本图书馆CIP数据核字(2021)第185719号

数字化时代的商业模式转型

[加]鲍勇剑　[加]奥雷克谢·奥西耶夫斯基　邓贻龙　著

策　　划　杭州蓝狮子文化创意股份有限公司
责任编辑　黄兆宁
责任校对　陈　欣
装帧设计　王梦珂
出版发行　浙江大学出版社
（杭州市天目山路148号　邮政编码　310007）
（网址：http://www.zjupress.com）
排　　版　杭州林智广告有限公司
印　　刷　杭州钱江彩色印务有限公司
开　　本　880mm×1230mm　1/32
印　　张　8.5
字　　数　188千
版 印 次　2021年12月第1版　2021年12月第1次印刷
书　　号　ISBN 978-7-308-21725-5
定　　价　65.00元

浙江大学出版社市场运营中心联系方式：0571-88925591；http://zjdxcbs.tmall.com

序　一

商业模式是战略落地的轮子。没有它，公司战略只能停留在纸面上。近20年来，各路中外学者撰写了大量的图书，分析和解释商业模式。在汗牛充栋的图书中，我们是否还需要一本关于商业模式的新书呢？我的建议是，手边放一本勇剑教授和他的合作者写的《数字化时代的商业模式转型》。

这本书有其独特之处。首先是精炼。过去讲述商业模式的书洋洋洒洒，涵盖战略的上下左右。而这本书直指关键元素，用四个象限突出四个必备部分：市场定位、价值创新、系统活动和资源配备。四个象限的要素可以衍生出更详细的维度，而且都能回到基本面。这一张一弛的设计让商业模式很好用，繁简由人。四个象限设计又组成一个系统的回路，提醒我们经常检验四个部分之间的对应情况。执行中，不对应就会掉链子。这本书强调了商业模式子系统之间对应和咬合的重要性！

本书值得推荐的第二个原因是贯穿全书的“转型”逻辑。我们已经知道“一招鲜，吃遍天”的局限性。不过，许多企业还没有认识到商业模式在各个阶段转型的重要性。我们了解产业有周期性，会经历从孕育发生、发展到成熟和衰变的过程。商业模式也有转型问题。本书指出，企业落入商业模式的陷阱的根源在于忽视转型。以转型逻辑做指导，企业不必等到落入陷阱再谋求复兴。条件成熟时，领导者可以预判转型的必要性。在当前变化的环境中，这样的动态思想很重要。

商业模式创新一向是难以驾驭的课题。本书选择推荐八种商业模式创新的蓝图，每位实践者可以根据自己的具体情况对此做衍生或整合。我认为，从创新蓝图出发，解放思想、按需变通是好方法。它兼顾认知过程中类似滑动摩擦和滚动摩擦之间的关系。蓝图启发我们去思考，一旦被启发，我们又可以不被蓝图拘束，推动有个性的商业模式创新。

在案例选择上，勇剑和他的合作者花了不少心思。案例既有熟悉的，也有不熟悉的企业；既包括国际公司，又涵盖国内企业。与理论部分一致，案例编写也是走简约路线，为解释概念服务。我支持这样的编写风格。

勇剑教授曾经应邀来我们南京大学商学院给 EMBA 的学生讲课，他的精彩授课深受学员们的欢迎！近年来，在勇剑和他的同伴的推动下，复旦大学商业文明与共同体研究所为多元化的商业研究做了不少工作。从成立起，研究所就选择接近中国实践的研究策略。同时，研究所积聚全球有识之士的力量，对共同关心的课题开展研究。这本书也是研究所的系列成果之一。我赞赏勇剑和他的同事厚积薄发的研究态度。

假如你在寻找一本通俗易懂、简约精要的商业模式读物，那就选择《数字化时代的商业模式转型》吧！

南京大学人文社会科学资深教授、

商学院名誉院长、行知书院院长、博士生导师

2021 年 5 月 21 日

序　二

在我们为双创学院的学员们提供培训辅导的过程中，我越来越认识到一个好的商业模式对创业企业成功的重要性。虽然当前国内外关于商业模式的研究和图书浩如烟海，但是在拿来给我们的学员使用时，总是有那么一点“知易行难”的感觉。因此，一本适合我们国内中小企业创业者、能够指导企业落地实施的关于商业模式的书在当前显得尤为珍贵。在这样的背景下，《数字化时代的商业模式转型》来得正及时。

以往的商业模式图书更多的是研究企业如何成功，而《数字化时代的商业模式转型》的一大特点就是告诉我们企业为什么会失败，以及如何通过转型来避免企业的失败。企业创造的价值可以分为客户价值和厂商价值，本书根据不同的价值组合，给出了施主、赢家、饕餮和败将四种不同的象限，并指出，企业之所以失败就是因为企业不自觉地进入了低客户价值和高厂商价值的商业模式——饕餮象限，并最终滑入败将象限——低客户价值与低厂商价值。本书用普渡制药（Purdue Pharma）以及蛋壳公寓的案例详细地揭示了企业是如何进入商业模式败将象限的。

而如何才能避免企业的失败？答案只能是通过对客户价值的回归，重新回到赢家象限。本书用视觉中国和辉瑞（Pfizer）制药企业的案例，说明了企业成功从饕餮象限回到赢家象限的可能性。这样的转型讨论，对当前想要避免失败的中国企业来说是一个重要的警醒。

创业者面临的最大危机就是创业失败。有统计说，创业者失败的概率高达 90% 以上，我们在辅导创业者的过程中，也经常看到很多学员有着优秀的想法和产品，但是由于没有过程指导，失败经常发生。针对此问题，本书也给我们提供了答案和建议方案。本书指出，创业失败有许多原因。其中一条就是创业者没有对自己的创业灵感和商业模式设计想法在实施之前进行验证——我们不知道市场是否接受我们的产品，更不知道客户愿意支付的价格。对我们学院的创业者朋友而言，本书的检验方法有实用价值。

本书不仅告诉我们具体的验证方法，而且还给我们列出了具体的商业模式验证操作流程和实用表格。这一点尤为适合中小企业创业者。我建议正在创业的读者朋友们现在就可以拿起笔和纸，对照着本书对自己的创业灵感和商业模式设计想法进行一番验证。

商业模式是一门应用的学科，《数字化时代的商业模式转型》这本书为中小企业创业者商业模式的设计、创新和实施给出了详尽的建议和具体的做法指引。我相信，这本书一定会给正在创业的朋友们带来巨大的帮助。

复旦大学商业文明和共同体研究所是我们杨浦区五角场创新创业学院的重要合作伙伴。我们期待研究所出版更多的智慧产品。

杨浦区五角场创新创业学院 院长
杨苓
2021 年 5 月 21 日

前　言

应对动荡环境的转型商业模式

没有商业模式的企业，靠运气可以活一轮。不懂转型，企业只能有一次运气。

从1978年到2008年，中国企业只需要模仿和复制商业模式。这30年中，中国企业基本上可以顺应全球产业链的既有秩序，被动地执行由上游先进西方企业已制定的全球化生产和营销的蓝图。但近些年，这个特征已经发生本质改变。未来，处于新国际经济秩序中的中国企业，需要扮演主动角色，需要有原创的商业模式。

展望未来10年，旧国际市场结构已入膏肓，新秩序尚未萌发，这是一个怎样的商业环境？VISA信用卡创始人兼前总裁霍克（Dee Hock）称之为“未央”（chaordic）。中国企业正经历这样一种“未央”。它也带来两种与环境的关系选择：（1）逐步适应变化的环境条件（adaptation）；（2）主动善用环境资源（exaptation）。企业要学会交替使用这两种选择。为此，转型商业模式就成为必备的组织能力。

我们可以从两个方面认识商业模式转型的必要性。一个是疫情之后，全球商业企业力求在重启过程中刷新市场定位、客户价值、组织能力和发展战略。它激发了一系列商业模式转型。另一个是宏观地缘政治变化。政治制度特征框定经济活动的游戏规则。地缘政治变化迫使全球企业，特别是中国企业，时刻做好商业模式转型的准备。

让我们先了解疫情之后全球商业格局刷新的大趋势。

大灾大难，大破大立。1347—1351 年，黑死病席卷欧洲，造成欧洲 1/3 人口死亡。威尼斯首先推行 40 天隔离政策。之后，国家主导的公共医疗体系应势建立起来。14 世纪的疫情引发中世纪神权危机，间接促生欧洲民族国家制度和文艺复兴。熟悉历史的人们在思考：新冠肺炎疫情之后，全球经济会出现怎样的结构性变化？

2021 年第一季度，欧洲和北美卫生部门仍在讨论如何抑制第三波疫情。与此同时，商业组织的董事会已经把关注点放到疫情之后如何刷新商业模式的问题上。据《华尔街日报》的报道，摩根大通（JP Morgan）和赛富时（Salesforce）等大公司决定，疫情后远程办公将成为常态。这也势必带来企业商业策略和组织模式的变革。

无论是微观还是宏观，“重启中刷新”（reset and refresh）成为决策者关注的核心问题。刷新的姿势多种多样。我们选择微观和宏观的几个范例，来说明它正成为一种普遍现象。

首先，在微观层面，企业正协同线上线下能力，为客户提供增生体验。

疫情迫使人们选择线上沟通和交易。疫后经济重启，企业准备消除“线上或线下”的选择意识，试图创造“线上线下共融”的增生体验

（augmented experiences）[①]。

疫情之前，远程医疗是较难推动的变革。习惯、信任、利益、技术、责任、风险等一系列因素让远程医疗成为可望而不可即的业务。但是因为疫情，医生只能通过远程医疗方法（电话、网络、社交媒体应用等）服务病人。妙佑医疗国际（Mayo Clinic）信息主管罗斯（Cris Ross）披露，疫情发生后几周时间，他们的网络问诊占比从过去的 4% 飙升到 85%。利用疫情带来的策略紧要性，妙佑医疗国际迅速刷新基础建设。例如，他们把医生与病人之间的沟通都转接到医院网络系统中。无论选择哪种沟通媒介（电话、视频等），信息先传输到医院网络中心，再转接到医生和病人信息端点。这样做，不仅能够控制信息流，也可以让医院系统平台支持医生的各项问诊活动。妙佑医疗国际建立起“梅约专家问询平台”（Ask Mayo Expert）。它从信息和知识两个方面武装了超过 3 万名医护人员，为病人提供全景服务。这在疫情之前是不可想象的。

虚拟问诊和亲面问诊之间有没有区别？有，它有主观偏好的区别，病人希望能看到真人医生。主观偏好引导病人把真实的信息沟通价值置于虚拟的信息沟通价值之上。研究思维和语言的专家瑞安（Marie-Laure Ryan）指出：“现实真”和“虚拟真”的背后有一个共性，无论是对哪种数据来源（现实的或虚拟的）做解释，它们都是一套语言叙事文本。“现实真”和“虚拟真”只隔着主观偏好意识。疫情捅破了这层“窗户纸”。行业领先者，如妙佑医疗国际，刷新了医生和病人的“线上或线下”意识，合二为一，创造融合的增生体验。

① 增生体验：体验的维度扩大，感知强度增加，体验的整体性提高。

如果医院的刷新实践还比较抽象，新型家庭在线健身公司派乐滕（Peloton）的增生体验模式就更直观了。2012 年，派乐滕以“将社群和精品健身带回家”为价值主张，开启了家庭在线健身模式。因为疫情，派乐滕的“一个人，在一起健身”的价值顿时放大。一个人在家，健身者可以通过应用软件选择富有异国风情的自行车赛道，与明星结伴跑步，实时虚拟择友共同练习瑜伽，实时邀请健友竞赛，等等。在本书后面的章节，我们将详细讨论派乐滕如何利用“硬件 + 内容 + 社交”的融合模式为健身爱好者提供增生体验价值。

其次，在全球供应链重组期间，企业迅速调整旧商业模式，向产业俱乐部模式转型。

刚刚去世的未来学家奈什比（John Naisbitt）曾预言，未来产业领域的巨头比国家政府更有影响力。确实，苹果手机的制造业网络分布在 49 个国家。辉瑞制药的供应链覆盖 5000 家企业。可是，奈什比只预见了疫情前的全球化市场变化。疫情改写了全球供应链的发展道路。

疫情发生后，各国开始用行政手段干预跨国公司的经济布局。据《经济学人》2021 年的统计，一年多来，世界主要工业国家颁布超过 140 项贸易限制政策。在以 WTO 为代表的全球经济治理结构摇摆动荡的背景下，国际企业开始寻找新的治理模式，以求自保。少数企业之间结盟，建立产业俱乐部，这刷新了疫情之后的供应链关系。

产业俱乐部策略源自“俱乐部产品”的概念。在公共政策和制度经济学中，“俱乐部产品”是介于市场商品和公共产品之间的一种经济形态。它的主要特征是：成员共享，相互无损耗；非成员不能使用。当前地缘政治冲突和意识形态争端扰乱了全球商业秩序，为抱团自保，全球产业链上下游企业开始实施产业俱乐部策略，在动荡大环境中创造一个较为稳定的小环境。当大而全的国际经济秩序失效时，小而美的产业俱乐部成为值得积极尝试的策略选择。

产业俱乐部的一个范例是“环球同业银行金融电讯协会”（SWIFT）。它是一个国际银行间非营利性的国际合作组织，总部设在比利时的布鲁塞尔，同时在荷兰阿姆斯特丹和美国纽约分别设立交换中心。SWIFT 运营着世界级的金融电文网络，银行和其他金融机构通过它与同业交换电文（message）来完成金融交易。SWIFT 还在各个层面将金融行业从业人员集合到一起，共同协作来制定市场惯例和定义标准。SWIFT 的标准电文格式，已经成为国际银行间数据交换的标准语言。它服务 200 多个国家和地区的 11000 多家银行机构、证券机构、市场基础设施和企业客户。简单而言，没有 SWIFT 交换电文服务，金融业的跨国交易无法运营。

产业俱乐部策略之所以有效，就是因为它既可以抱团取暖，也可以设定组织边界，限制成员性质和数量，从而避免“公地悲剧”[①]。另外一个策略优势是相互之间没有消费抵触和互损关系。相反，在大多数情况下，产业俱乐部连带出网络效应。

从转型商业模式的角度看，当全球一体化的制度环境发生变化后，产业俱乐部策略将重新设计企业的系统活动和价值获取的方式。“世易时移，变法宜矣。”转型商业模式将助力全球企业不断刷新获取外部资源的方法和能力。

① 公地悲剧：过度开发公共资源导致市场失灵。（注：公共资源，指非排他性但具有竞争性的部分公共物品。）

目 录

1 商业模式的陷阱

4 全球化商业模式

5 验证商业模式

1

商业模式的陷阱

商业模式并不是一个古老的概念。

大概 1997 年之前，很少有人谈论商业模式。通过谷歌的 Ngram Viewer（全球书籍词频统计器），我们可以直观地看到“商业模式”一词何时开始流行（见图 1-1）。Ngram Viewer 能向我们展示包含有某一个特定术语的图书数量在同年出版的图书总数中的百分比。比如，我们查找“资本主义”这个词时可以看到，在卡尔·马克思出版《资本论》并创造“资本主义”这个术语之前，相关的搜索结果都是 0。“商业模式”也是如此。1996 年、1997 年前，“商业模式”很少被提及。但在这之后，“商业模式”开始越来越频繁地在那些年出版的书中被讨论。

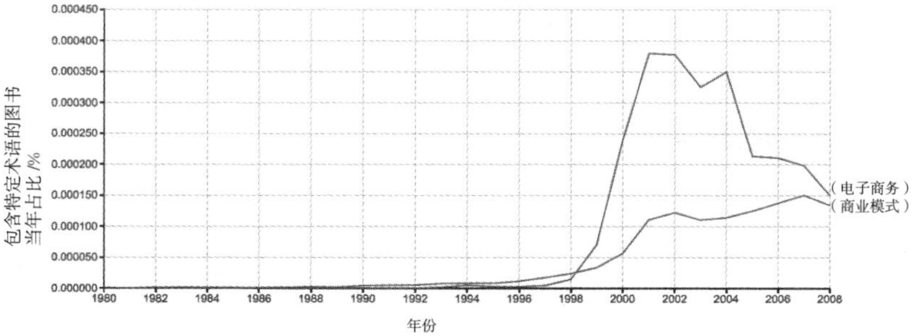

图 1-1 “商业模式”关注度

那么，为什么“商业模式”一词会在大概 1997 年、1998 年、2000 年这几个时间点兴起呢?

答案很简单，是因为互联网商务的兴起。1997—2000 年也正是互联网商业模式兴起的时期。在那个时候，人们有很多美好的期望，比如认为可能产生能够开发新市场的新经济，认为新的全球可扩展的商业模式会允许重大创新，带来全新价值主张。

所以，随着互联网经济的崛起，对商业模式的思考变得越来越重要。如果你的企业迟早将会获得数亿的用户规模，那么你就不得不建立一个全球商业模式；除了为用户创造价值之外，你还必须考虑如何利用商业模式获利。

有趣的是，在同一时期，“电子商务”这个词也开始流行起来。但在 2004 年之后，人们对电子商务的兴趣和相关书籍开始减少，而关于商业模式的书籍仍在大量出版。在此，我们的解释是：电子商务并不是独特的，它可以很好地被归类于传统营销模式；营销通道的改变为它增加了一些新的东西，但本质上它仍是营销业务。但是，商业模式却是完全不同的。它不仅仅是营销组合，而且是关系到组织公司所有的活动，关系到如何准确地实现竞争优势。

商业模式有用吗？

> 当今企业之间的竞争，不是产品之间的竞争，而是商业模式之间的竞争。
>
> ——管理学大师彼得 · 德鲁克（Peter Drucker）

vs

> 商业模式就是对各种肤浅创业计划的美化。
>
> ——《大空头》作家迈克尔 · 刘易斯（Michael Lewis）

随着互联网泡沫的破灭，有人认为商业模式就是“讲故事”，是对

“肤浅创业计划的美化”。

对此，马克·W. 约翰逊（Mark W. Johnson）等人发表在《哈佛商业评论》上的《重塑你的商业模式》中提到，同样都是便携式数字音乐播放器，为什么成立更早的 Diamond Multimedia 的产品 Rio（1998 年）和 Best Data 的产品 Cabo（2000 年）输给了苹果公司 2003 年才推出的 iPod？答案就在于商业模式的差别。

企业的竞争不仅需要好的技术和产品，还需要能够包装这个技术的好的商业模式。好的商业模式可以重新塑造整个行业格局。

管理学大师彼得·德鲁克更是明确提出：“当今企业之间的竞争，不是产品之间的竞争，而是商业模式之间的竞争。”

根据马克·W. 约翰逊等的调查，在 1997—2008 年诞生的、成功晋级《财富》杂志“世界 500 强”企业的 27 家企业中，其中 11 家自认为其成功的关键在于商业模式创新。

什么是商业模式？

> **什么是商业模式？**
>
> 商业模式是一套组织惯例：为公司的利益相关者创造经济价值，并为公司本身及其股东获取其中的部分价值。

那么，商业模式的定义到底是什么呢？

发表在《哈佛商业评论》上、有着奠基性意义的《为什么商业模式重要？》一文中，琼·玛格丽塔（Joan Magretta）指出，商业模式回答的是彼得·德鲁克提出的关于企业经营的核心问题：谁是你的顾客？顾客看重什么？它同时还回答了每个管理者都会问及的一些基本问题：我们在这项业务中如何赚钱？潜在的经济逻辑是什么，即我们如何以合理的价格为顾客提供价值？

琼·玛格丽塔表示，商业模式的核心在于价值链，一个好的商业模式，既要能够讲出一个好的故事，还要体现在数字方面，也就是经济效益。成功的商业模式能够为客户提供更多的价值，提升企业的竞争优势，甚至塑造整个行业。

因此，我们提出，商业模式是为公司的利益相关者创造经济价值，并为公司本身和股东获取部分价值的一套组织惯例。

首先，商业模式是一套组织惯例。这意味着商业模式是组织内部的一种常规的活动，就像循环往复的轮盘，一次又一次地发生。如果一家公司没有一个循环的轮盘活动模式，那么，它就还没有建立商业模式。如果一家公司每个人有每个人做事的方式，那么它还没有成熟的商业模式。只有当我们有周期性的活动循环或管理集群时，我们才能谈论商业模式；有没有成熟的商业模式，也是初创公司和成熟公司的区别。初创公司还在努力寻找可行的方法，而成熟公司已经有了惯例式的活动集群。

其次，商业模式要为公司的利益相关者创造经济价值，并为公司本身和股东获取部分价值。前者意味着，商业模式必须为你的客户和其他对公司运营至关重要的组成部分解决基本问题。商业模式要考虑如何产生和实现有意义的价值主张，它需要帮助重要的利益相关者，并实现价值主张承诺。后者意味着，商业模式必须确保整个商业活动是有利可图的。因此，对公司和股东来说，适当地获取部分价值意味着最终的财务业绩必须是正的。

我们当然也可以谈论社会企业、非营利组织的商业模式，它们最终的财务业绩很可能是负的。但在这种情况下，商业模式的关键部分仍然能够发挥作用，以持续支持这些企业组织的活动。本质上，非营利组织的商业模式总是会带来负的财务业绩，但这也意味着运营者必须找到一种商业模式，找到可持续的资源来补偿负的财务业绩，以帮助非营利组织能够在未来几年持续地生存下去。

例如，多种多样的慈善公益捐款活动。在不同的捐赠人眼里，非营利组织创造的社会价值也可以有多种多样的理解。吸引人们捐赠时间、金钱和关注的慈善公益活动同样能有千百种设计。图 1–2 是美国航空总署（NASA）正儿八经地发给我的一张去火星的船票。NASA 保证在下一次登陆火星时把航空爱好者的名字带到火星。只要你登录 NASA 网站，填写你的名字，名义上你就会飞往火星。一个公益活动创意，吸引千万人的关注。从中我们也可以看到，商业模式的价值和收入形式创新无穷无尽。这个逻辑对营利和非营利组织都适用。在后面部分，我们还会谈到赛富时公司 1 ： 1 ： 1 的社会公益创新模式，其正是持续生存的典范。

图 1-2　NASA 发来的火星船票

另外，商业模式与商业战略、业务流程、营销组合的概念也是有区别的。

商业模式和商业战略的概念区别在于：本质上来说，商业战略是关于公司将如何竞争，以及公司将如何创造和保护竞争优势的总体概念。战略本身不能创造价值，而是为盈利能力设定边界和方向。如果你在电池行业工作，假设你所在公司没有竞争优势，那就意味着公司在战略上存在问题，比如公司没有选择合适的利基市场，或者没有创造竞争优势的方法，这就会导致利润难以长期维持。即使已经运营到了中期，公司也有可能会倒闭。这一切都与战略有关。但是，战略只是一种保持竞争优势的计划，战略本身并不能把钱放进公司所有者的口袋里，也不能直接为客户创造好处。

只有有关日常运营的商业模式才能够做到这些，它根植于创造价值和获取利润的日常运作。但是，商业模式也不同于业务流程和技术，因为它不仅有技术方面的内容，更有商业方面的内容。商业模式也绝对不是营销组合。相反，营销组合是商业模式的一部分，是商业模式中“进入市场”这一环当中的一部分。

为凸显这三个概念的联系和区别，我们强调它们各司其职。没有战略的商业模式，容易跑偏方向，走错道路；没有业务流程设计的商业模式，很难持续运转。没有商业模式的战略，是望梅止渴、纸上谈兵；没有商业模式的业务流程，是为做而做，失去了与价值和利润之间的紧密联系。商业模式扮演着对上落实战略、对下贯通结果的中心角色。

商业模式：中心角色

商业模式在商业企业中占有核心地位（见图 1–3）。

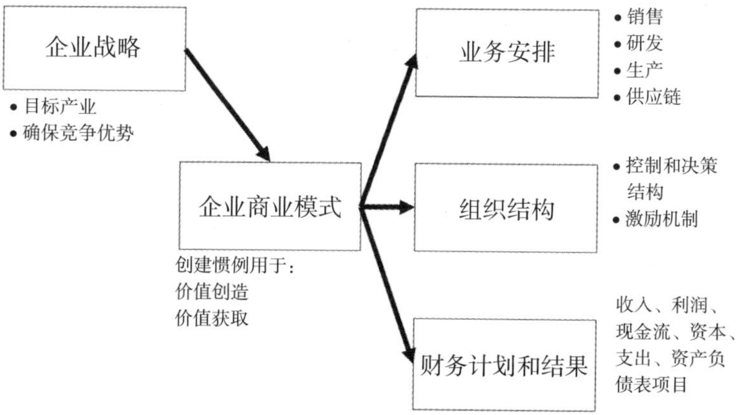

图 1–3　商业模式：中心角色

我们首先会从企业战略开始讲起，它关注的问题是目标产业以及如何确保竞争优势。但是，需要再次重点强调的是，战略是大方向，它本身不能够创造价值。商业模式才是对实战的检验，并让战略通过日常的活动得以实施。

所以，商业模式涉及的是价值创造和价值获取。但是商业模式定义中的“惯例”这个词表明，只有创造价值和获取价值的活动形成循环模式时，才会出现我们所说的商业模式。之后，商业模式将决定运营组织、销售、研发、生产、供应链服务等，所有这些都是商业模式的一部分。

商业模式决定组织结构，比如决策权、激励系统。商业模式还决定财务计划，比如预测的财务结果和实际结果将由商业模式决定。

商业模式是任何商业企业的核心，它是关于如何从战略转化为运营结构和财务业绩的系统。

当然，在商业模式方面，我们仍然有许多未解的疑问。其中包括：按照产业生命周期，商业模式有几种？它们相互之间的关系如何？怎样从一个模式平滑转移到下一个模式？本书试图用实例回答这些疑问，特别是商业模式之间转型的问题。

商业模式设计

商业模式设计指的是当我们在对客户的问题和需求有了充分的理解之后，针对客户的问题和需求，设计开发出解决这些问题的初始创新方案。商业模式设计是创新的一种商业表现。如果没有商业模式，公司就不能以可持续的方式解决客户所面临的问题和需求。

商业模式能够帮助我们解释公司是如何运营的，能够帮助解释我们如何准确接触到客户，并准确地实现我们所承诺的价值主张。

当然，商业模式也可以是非营利的。例如，社会企业或非营利组织的主要目的不是利润最大化，但这些类型的企业或组织也有着自己的商业模式。

商业模式决定了我们的财务业绩最终是盈利还是亏损，或者对于非营利组织来说是否能够持续地维持积极的财务绩效。

那么，商业模式有哪些类型呢？

让我们想象一下这种情景：两名软件开发人员在一所大学的走廊里相遇，决定创办一家公司，开发平板电脑的应用程序。这两位软件开发者非常了解如何为平板电脑或智能手机开发应用程序，而现在的问题是他们应该如何用研发过程中的创新来获利。他们未来的公司有几种不同的赚钱方式（见图 1–4）。

一家公司如何能够赚到钱？

1. 销售应用（正常价格）
2. 订阅
3. 应用内购买
4. 应用内广告
5. 捐赠
6. 线上免费，线下付费版本

……

图 1–4　应用开发软件的不同商业模式

第一种，也是最重要的一种获利方式，就是他们可以尝试销售这些应用程序。这种方式通常是 10 年前或者 5 年前的做法。当客户想使用某个应用程序时，他们就会直接通过 iTunes 或游戏商店为应用程序付费。不过，现在的顾客更加挑剔，他们认为应用程序理应免费，并且有很强的免费使用意愿。所以开发者必须找到其他方法来获利。

第二种获利方式是收取一定的订阅费。如果开发者的产品或者服务需要不断更新内容或版本，那么他们就可以收取订阅费。客户可以免费获得应用程序，但是之后他们不得不为得到更新内容而支付一定的金额。比起直接销售应用程序，这种方式现在更为常见。

第三种获利方式是采用“应用内购买”的概念。作为父母，通常都有过这样的经历：孩子在玩自己的手机或父母的手机时，时不时会让父母输入密码，以便购买额外的在线游戏武器、装备等。应用内购买是另一种可行的商业模式。

第四种获利方式是展示广告。如果开发者拥有数亿用户，他们可以通过展示商业视频或横幅广告并向广告商收取费用的方式来盈利。不仅如此，一些使用者为了屏蔽广告，也可能会愿意付费成为会员，这又能为开发者带来收入。

第五种获利方式是捐赠支付，捐赠支付也是一种可行的商业模式。例如，在加拿大，人们可以使用在线工具 MyAccount 来计算自己当年应纳的税款和可得的退款。该平台的使用是免费的，但会在完成计算后询问使用者是否愿意支持他们的运营；有能力支持的使用者自然会乐意为了这份方便买单。这个平台依靠这种模式已经运营了 10 年。显然，这种商业模式是相当可行的。

另外，开发者也可以提供免费的在线诱饵或试用版本的产品。比如词典类应用，在线状态下，用户可以免费使用。但如果用户想确保断网状态下还可以使用该词典，就必须为离线版本付费。

实际上还有其他很多盈利方式，这只是其中的几个例子。这些本质上都是不同的商业模式。总而言之，对不同的公司来说，开发平板电脑应用程序的过程也许是相同的，但赚钱的方式却可以是完全不同的。

上面的讨论引发我们对商业模式的基本思考：

（1）同一种产品或服务，例如应用软件，可以有多种多样的方式为客户创造价值。

（2）同一种产品或服务可以有多种多样的销售形式和收入来源。

（3）商业模式就是要创造上述两个多种多样性，因为它们是公司利润的来源。

（4）留给您的思考题是：除了上面讨论过的盈利方法，您还能想到新的价值和收入来源吗？

如果有，您会发现，新的收入来源与您所熟悉的消费情境有关，即现在所流行的说法：消费场景。当年，“脑白金”的创始人史玉柱下沉到三线城市寻找商机。在与许多在外务工青年的父母辈交流过程中，他发现一个重要价值需求：一个价格适中的表达孝顺的礼品。于是，有助睡眠的褪黑激素启发出了史玉柱的“脑白金”。

一千个人眼里有一千个哈姆雷特。一个产品，对应一千位消费者，可能有一千种价值认识。商业模式帮助我们寻找千百种表达产品价值的方法、千百种制造收入来源的方法、千百种可能的盈利方法。在本章的案例部分，我们将详细讨论当前中国自媒体不同的盈利模式。

传统商业模式

上面，我们通过对高科技行业的解释，阐述了同一产品不同形式的商业模式实现方法；现在让我们回到更日常的、更传统的行业。以北美住宅房地产行业为例，经纪人也有各种不同的商业模式（见图 1–5）。

传统商业模式

增值战略

低交易量

单一收入流：经纪费

每笔交易都采用精品方式

主要资源：

对 MLS（行业全开放房源联卖系统）的独家访问

当地的社会常识

图 1–5　房地产经纪业务的传统商业模式特征

传统的房地产经纪模式是一种针对每个客户提供精品店式服务[①]的方法，即经纪人每个月进行两到三笔交易，而这能够为经纪公司创造大量的收入。换句话说，传统模式考虑的是增值战略，交易量低，唯一收入来源是经纪费。

同时，每笔交易也都要以精品方式完成——如果经纪人正在帮助卖家，那么他们必须确保房子已经准备好出售，确保所有数据库中的

① 在精品店式服务方式下，店员（经纪人）一对一地服务于客户，通过与客户的深入沟通，了解客户的需求。店员（经纪人）从专业的角度，针对性地提供个性化产品或服务建议。精品店式服务尤为依赖店员（经纪人）的专业服务能力。

数据都可用。并且，这所房子可以供潜在买主参观。另外，经纪人必须在卖方身上花很多费用，也必须在买家身上花很多精力。经纪人必须开车载着买主在城里转一圈，带他们参观不同的房子。如果一个月成交一到两笔交易，这样的时间安排是没有问题的。

这个过程中，经纪人需要掌握的关键资源是房源信息的数据库。在美国，经纪人要能够独家访问 MLS（行业全开放房源联卖系统）的数据库，了解所有在特定社区出售的房子。另外，经纪人还需要融入、扎根当地社会，需要对当地社会的发展规划有着独特的专业知识。他们应该知道下一条地铁线路规划在哪里，也要知道哪些社区正在兴起，哪些社区可能正在衰败。所有这些都是顾客期望从经纪人那里得到的信息。

总之，经纪人创造的价值在于房产信息来源、基于专业知识的分析和个人服务品质。

非传统商业模式

最近在房地产经纪行业中出现了一些新兴模式，它们与传统经纪模式成功共存（见图 1–6）。

非传统商业模式
房地产经纪公司贴现（discounted real estate brokerage offices）
“聚合”网站
拍卖网站
现金优惠网站

图 1–6　房地产经纪业务的非传统商业模式

首先，最重要的一种替代方案是房地产经纪公司的折扣销售模式。经纪公司收取的费用从 5% 降到 1%，但提供给客户的服务也会相应少得多。这种降价能够吸引更多的客源，同时，经纪公司也能减少投入在单笔交易上的时间和精力。

其次，一些聚合信息的网站正在世界各地涌现，它们从各个信息渠道汇聚房产信息。比如美国的 zillow.com 网站。普通用户可以在 zillow.com 上看到各个社区所有正在出售的房子的信息。它们和传统的房地产经纪公司采用的是完全不一样的运营模式。

再次，在一些国家有拍卖网站可以让你很快地卖掉你的财产。诚然，采用拍卖网站的方式，最后的价格比不上房地产经纪人模式下的结果，但这种方式省去了半年左右的等待期；如果卖家急需用钱，拍卖网站实际上也能达到比较理想的效果。

最后，现在有越来越多的现金报价网站和现金报价网络系统。在那里你只需要输入关于你的房子的信息，他们就会当场给你现金报价。当然，还是会有人来看看你的房子。但在这样的模式下，你可以马上拿到房屋的销售款。

美国的 Zillow 网站就是一家提供免费房地产估价服务的网站，房子的买家可以利用 Zillow 比较房屋的价值，以最合理的价格买到心仪的房屋，消除信息的不对称，避免花冤枉钱。而房子的卖家可以利用 Zillow 的评估，帮助自己快速得到房屋的估价，实现以最高最合适的价格出售房屋。目前 Zillow 网站的数据已经被多家房地产网站所采用，并被其提供给客户参考。

传统的房地产经纪和现金报价网站是完全不一样的商业模式。传统的房地产经纪本质上是一种顾问精品咨询类型的商业模式。而现金报价网站，是一种投资密集、复杂高级的系统，它需要非常精确地给房屋估价，才能给出现金报价。此外，网站还必须有大量的资金来购买这些房产，然后保留房子几个月，之后再卖掉它。

所以说，这两种商业模式是完全不同的。但是，它们反映出前面提到的一个共同原则：基于同一产品，消费者的价值评估有千百种，生产者的收入来源有千百种，商业模式的盈利方法也可以有千百种。

一个新现象是，不同的商业模式在同一行业共存，在本质相同的项目中被采用，来促进房地产市场买卖双方的交易。过去，一种模式会流行一段时间，直至模仿者蜂拥而至。然后，下一个模式出现，替代新模式。如今，多种模式在同一市场中并存，而且有互补性。对于经营者来说，设计互补的多种模式，避免它们相互倾轧，是一种全新的挑战。

警示故事："新经济"

让我们回到篇首的"新经济"的概念。

在 2000 年之前，在流行的商业报刊甚至学术文献中，我们看到很多关于互联网新经济的讨论。这种讨论强调为客户创造价值是首要的事情，你所要做的就是让顾客满意；同时这就意味着，要在一段时间之后，你才会得到利润，在起步阶段不应该将盈利能力作为核心问题进行思考。其中隐藏的假设是，如果你有上亿客户，你总会找到一种方法来让你做的业务赚到钱。用户基础被认为是主要的资产，然后我们再讨论新的业务效率指标。

一直到2000年，网络新经济都是大众商业媒体上的主导话语者。在那个时候，纳斯达克指数正在上涨，一切看起来都进展顺利。然后，它就在一夜间完全坍塌了（见图1–7）。

这就是2000年著名的网络泡沫。这些网络泡沫背后，投资者几乎一夜之间就对互联网公司彻底失去了信心，因为它们没有可行的商业模式，无法在长期内创造利润。

所以，这是一个警示故事。在新经济的泡沫中，我们忽视了一个基本的经济常识——只有在为客户创造价值的同时也能够为企业创造利润，才能得到一个可持续的发展模式。不关心企业的盈利能力，而只是讲述一些听起来很美好的故事，最后只会成为一戳即破的泡沫。

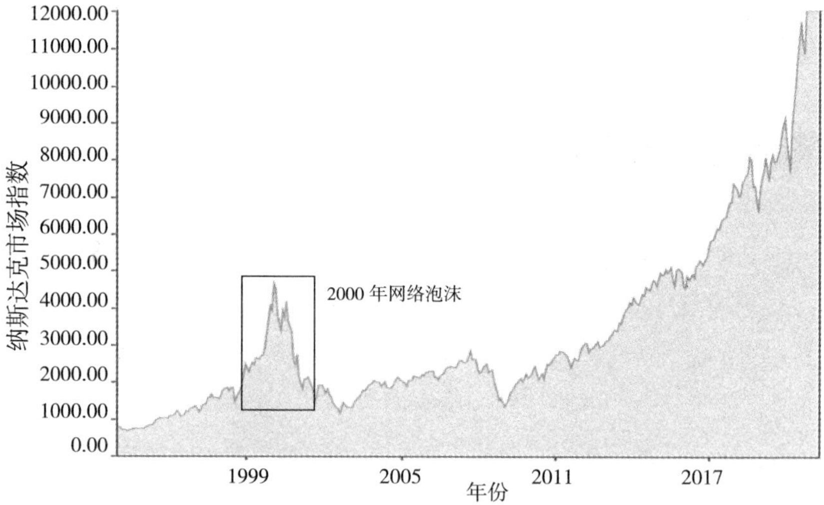

图1–7　警示故事：互联网应用

为了进一步说明这个观点，我们来看一个警示例子。

在公司筹集资金的时候，一个叫 Yo 的网络应用当时被估值 1000 万美元。但是，Yo 的功能却极度简单，仅可以将简单的信息发送给我们联系人列表上的朋友，并没有别的任何附加功能，甚至不能展示广告。这样一个缺乏稳定盈利模式的应用，其开发只花了一个晚上，却被估值 1000 万美元，足见泡沫有多么严重：那时，投资者对用户的数量更感兴趣，而不是对产生的利润感兴趣。

这种现象不仅仅存在于科技行业之中。无法合理分配财富，无法盈利或者是无法找到可盈利的商业模式，会让很多我们关心的重要部门或行业停滞不前。可再生能源就是又一个典型的例子。RENIXX（Renewable Energy Industrial Index，可再生能源股票指数）表明，有很多公司都在可再生能源领域投资，特斯拉是其中之一，而且是该指数中唯一的成功案例。其他公司会在美国生产太阳能电池板、风力涡轮机，然后安装它们，这些公司会努力开发新的电池技术，等等。在 2008 年前，指数持续上升，当时皆大欢喜；然而 2008 年，我们经历了全球金融危机，暴露出了很多问题。实际上，目前来看，大多数可再生能源的商业模式是不可持续的。它们确实创造了很多价值给利益相关者，而且我们确实也非常需要可再生能源，但它们必须以可行的方式进行才行，这也就意味着这些商业模式必须在没有政府补贴的情况下实现盈利。否则，我们将总是看到可再生能源股市崩溃的重复发生，就像我们看到 2008 年之后的崩溃一样（见图 1–8）。当一切顺利、政府也很支持的时候，消费者不太关心他们在可再生能源上的花费，那么股市就上涨。但一旦信贷紧缩来了，可再生能源的股市就会崩溃，而且无法反弹。

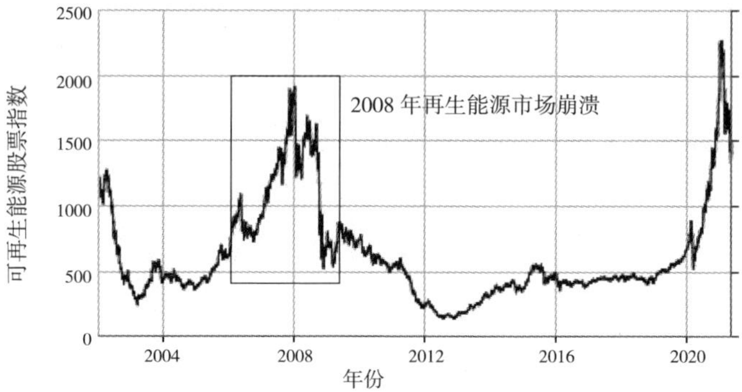

图 1-8　警示故事：可再生能源（RENIXX 市场走势）

资料来源：摘录自 https://www.renewable-energy-industry.com/stocks/。

商业模式价值矩阵

所以，我们确实需要了解商业模式，需要了解如何围绕创新建立一个可行的企业。可再生能源的故事就是为了说明这个要点。我们确实需要一些创新，但公司的商业模式必须让它在没有政府支持的情况下实现盈亏平衡。

请看图 1-9 中的商业模式价值矩阵。让我们将商业领袖的注意力转移到商业模式质量的两个维度上。第一个维度是企业创造了多少商业价值。商业价值关注的是它是否有利可图。如果商业价值低，就意味着要么你的利润为负，要么你落后于行业平均水平。反之，高商业价值意味着你超过了行业平均水平。另一个维度是客户价值，这意味着你的客户的满意程度，你是否为你的客户创造了高于平均值的价值。高客户价值，意味着你对你的客户来说是世界上最好的。而低客户价值意味着竞争对手提供的东西在客观上和主观上都更好。并置这两个维度就得到了之前没有讨论过的典型的 2×2 矩阵。它能让我们对商业模式的有效性和效率进行有意义的讨论。

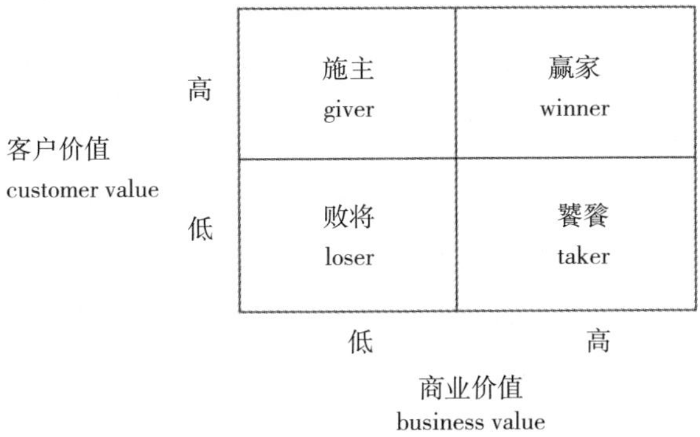

图 1-9　商业模式价值矩阵

假设我们有一家初创公司，最初公司没有盈利，但我们有独特的、世界上最能解决客户问题的创新技术。在这种情况下，我们的初创公司进入了施主象限。“施主”就是给予者，是给予多过获取的组织。施主象限意味着公司有很多满意的客户，但公司没有盈利。（社会组织和非营利组织通常都是经过设计的，他们从不离开施主象限，因为有像捐赠者这样的第三方支付者。）另外，因为它们的商业价值很低，所以它们需要保证稳定的现金流。

对于任何创业公司来说，最困难的事情之一就是从“施主”转变为“赢家”。“赢家”是商场中的获胜者。公司需要开始收取足够的价格；同时，要收取公平的价格，才会有足够的客户支持我们的创业公司。硅谷企业的“死亡之谷”指的就是怎样从提供免费服务的施主象限走向赢家象限。许多企业都倒在这个转型过程中。

刚开始建立我们的“施主”商业模式很容易。你可以开一家免费提供食物的餐馆，那么你将会有很多满意的顾客，但是你会把生意搞砸的。一旦餐厅为了盈利开始收取合理的费用，你就会失去那些来免费吃一日三餐的顾客。所以，诀窍就在于如何从“施主”变成“赢家”。赢家状态指的是客户和股东都满意。这个状态是大多数公司都想达到的位置。不幸的是，随着时间的推移，因为竞争，“赢家”又不得不给予低收入和高补贴的服务。这就可能回到施主象限。例如，新的竞争对手到来，并将压低整个行业的价格；除非你拥有无懈可击的竞争优势，否则你将不得不降低价格，回到施主象限。

不过更典型的是从“赢家”到“饕餮”的转变。这是一个从拥有满意的客户和大量利润到仅仅拥有大量利润的转变。通常情况下，这是因为随着时间的推移，客户价值被侵蚀了。随着时间的推移，公司会变得自满，而新的、更具创新性的竞争对手会出现，并向客户提供比你现有的更好的产品。但由于惯性、客户忠诚度高、企业声誉高、销售渠道的主导、政府的支持，你可能会在饕餮象限停留一段时间，虽然你会遇到不满意的客户，但仍然相当有利可图。这种情况我们可以在垄断者性质的企业中看到。比如，如果客户对煤气供应商或电力供应商不满意，可以试着给他们打电话。但常见的情况是，客户需要等待很长时间才能解决问题，因为已经成为“饕餮”的供应商可能不太关心高客户价值。

然而，如果没有政策合法性的支持，饕餮象限是不可持续的。一段时间后，公共政策法规保护的“饕餮”通常会转向“败将”。“败将”

要么意味着公司客户已经抛弃了它们，因此也就没有利润；要么政策法规拨乱反正，定义这种商业模式为非法形式，因此营利活动被取缔。我们有很多“饕餮”公司或行业巨头沦落为“败将”的例子。曾经主宰智能手机行业的诺基亚，现在已经成为过去式了，它就可以被看作落进了败将象限。另外，加拿大黑莓（Blackberry）手机现在也在这一象限。它们能彻底改造自己吗？从数据的角度来说，答案很可能是否定的。公司成功走出败将象限的案例并不多。

最终，这是所有公司或大多数公司都会经历的自然演变，或者说是一个典型的循环。它们首先从“施主”开始，如果能建立竞争优势，确保收取合适的价格，那么它们将进入赢家象限。这之后，它们会移到饕餮象限。它们也许会在“饕餮”和“赢家”之间有一些摇摆。例如，像苹果公司在一段时间内就在“赢家”和“饕餮”之间摇摆。但是，如果没有转型设计，早晚有一天，公司会最终滑到败将象限。公司的平均生命周期取决于行业，取决于时间。当然，这个过程并不是绝对的。有些公司可以维持，或者可以在“饕餮”和“赢家”之间切换。就像 IBM，它们一次又一次地改造自己，保持了自己在行业中的地位。另一个例子是微软，它也从“赢家”变成了“饕餮”，但它们能够重新塑造自己，回到“赢家”位置，从而保持在两个象限之间。微软现任总裁纳德拉（Satya Nadella）写的《刷新：重新发现商业与未来》（*Hit Refresh*）一书讲的就是微软怎样避免落入败将象限，怎样从普通用户诟病的“饕餮”转型成为“赢家”。

图 1–10 基本上展示了典型的公司商业模式转型过程，以及可能遭遇的陷阱。我们目前正在进行的一项研究的内容是公司在两个象限之间移动需要多长时间，以及公司的寿命到底有多长。到目前为止，大部分

的论文和实证证据都表明，公司正在以比以前更快的速度在两个象限之间移动。一家普通的公司在 20 世纪 50 年代希望继续经营下去，可能可以保持 60 年的周期，而现在这个周期可能会缩短到 25 年或 30 年。

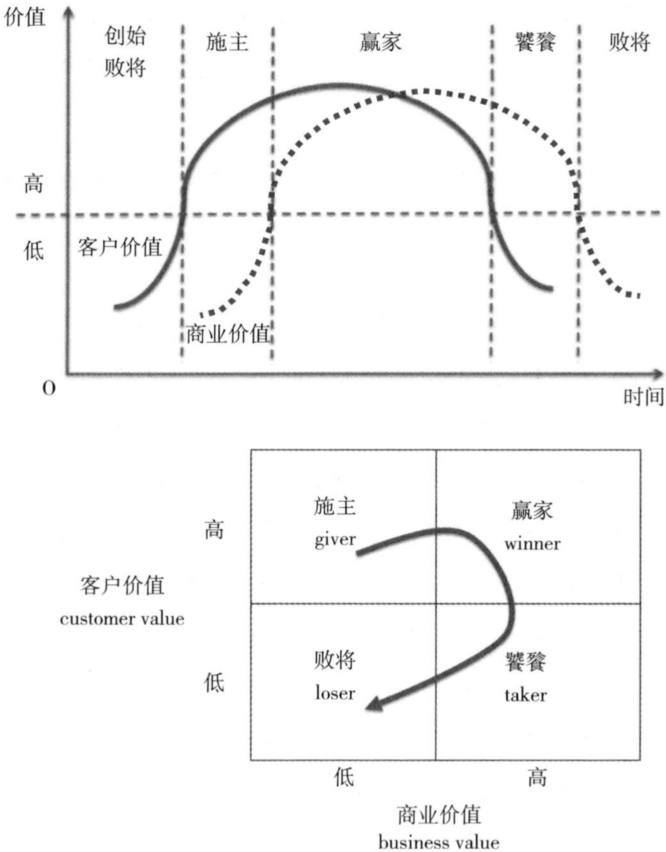

图 1–10　商业模式转型过程及可能的陷阱

需要特别指出的是，处于发展的不同阶段，每个公司要担心的陷阱问题也不同。对于创业公司来说，通常大多数都不应该太担心从“赢家”滑到“饕餮”的处境。它们真正应该关心的是如何摆脱“施主陷阱”，如何从“施主”的状态过渡到“赢家”的状态，以及如何保持“赢家”状态。之后，当我们谈到更大的企业时，我们可以讨论“饕餮”如何重塑自我，当然，这应当通过创新，创造卓越的客户价值来实现。但对于大多数创业项目来说，一切都是为了要在3到5年内逃脱“施主陷阱”，从而变得可以获得利润。

案例

自媒体不同盈利模式

商业模式精要

1. 工业革命的引擎是技术。从蒸汽机、电机、计算机到互联网，四次工业革命的驱动力都来自通用技术的广泛使用。

2. 在同一种通用技术基础结构之上，企业可以进行各种各样的商业模式创新。移动互联网为自媒体带来不同盈利模式。

3. 与前面三次技术革命比较，移动互联网通用技术更突出表现在边缘化、去中心化的能力上。过去，通用技术只能支持一些主流模式。如果没有规模，盈利模式比较难支撑。现在，边缘小众市场也可以自成一体，有盈利空间。

4. 自媒体没有统一的商业模式，但有基本盈利设计。我们总结了六种，未来还会更多。

5. 换一个视角看自媒体盈利模式设计。想象移动互联网技术为自媒体提供了一个百花齐放的温床，想象自媒体市场是一个姹紫嫣红的花园，想象市场兼备统一的基础技术和多样的价值创造形式。它不是一个非此即彼的市场，而是一个“可以有，还可以有”的市场。

6. 我们的转型商业模式设计四个模块为理解自媒体市场

盈利模式提供一个简洁的概念框架（见图 1–11）。自媒体六种模式中，一些是通过市场定位（第一模块）发力的。一些是通过满足特定利益相关者发力的（第二模块）。还有一些通过创造新的商业活动，制造差异化价值（第三模块）。另外，走不同的资源挖掘和整合的路线，同样也能创造新价值（第四模块）。

目标产业	价值主张
活动系统设计	商业模式所需资源

图 1–11 转型商业模式设计四个模块

案例背景

从互联网时代的博客、新浪微博到移动互联网时代的微信公众号、今日头条，再到抖音直播等，这些所有的自媒体平台都是典型的“众包 + 社区”模式。这一模式下，各个平台的核心资源就是内容，而内容由用户自己生成。并且不同的平台，甚至是同一个平台内部，同时呈现出多种不同的盈利模式。

根据中国互联网络信息中心（CNNIC）的最新数据，2020 年中国网民人数达到 9.04 亿，其中手机网民人数为 8.97 亿。根据《2021 年中国自媒体行业分析报告》，2020 年我国自媒体从业人员达到310万人。这些主要是长期坚持内容更新和运营推广的人员，还不包括偶尔上传发表作品的自媒体人。而自媒体相关企业注册数量2019年达到了2747家，年增长率超过50%（见图1-12）。

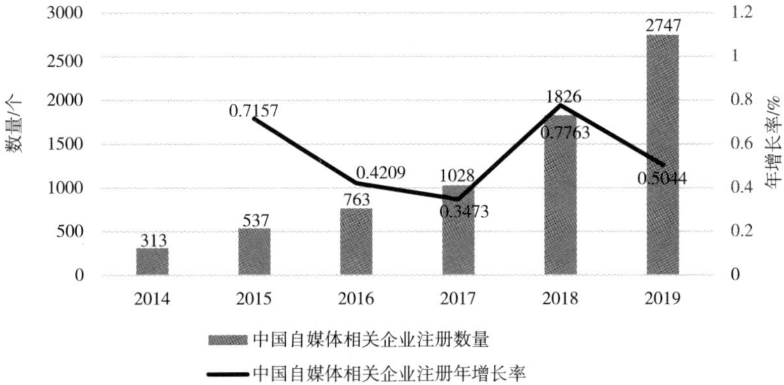

图1-12 中国自媒体相关企业注册数量和年增长率

数据来源：综合整理自企查查，中商产业研究院。

以微信、抖音、今日头条等为代表的自媒体平台正在受到越来越多的关注。其中，最为典型的就是以文字为代表的微信公众号，以及以视频内容创作为代表的抖音App。2013年微信公众号的诞生将自媒体行业推向高潮，微信公众号文章以及评论成为人们最新的信息获取和学习渠道（见图1-13）。进入4G时代后，尤其是2018年以后，短视频和直播自媒体，比如抖音、哔哩哔哩、斗鱼等接棒，成为新的市场焦点。

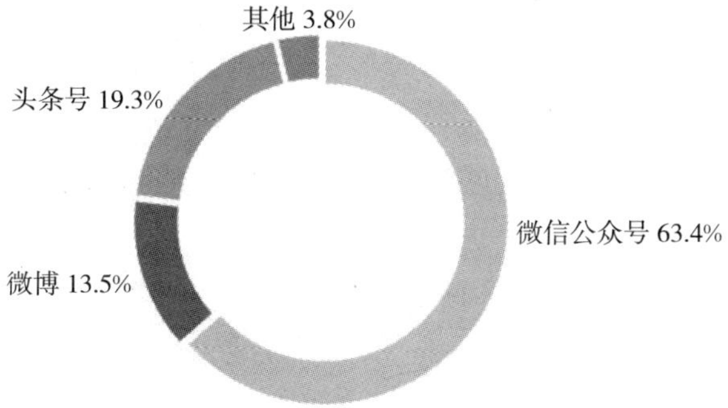

图 1-13　各自媒体平台自媒体账号数量占比分布

数据来源：综合整理自华经产业研究院，《2019—2025 年中国自媒体行业发展趋势预测及投资战略咨询报告》。

目前国内微信公众号数量占自媒体整体账号数量的 63.4%，排名第一；其次是头条号，自媒体账号数量占比为 19.3%。

在内容性质方面，根据华经产业研究院数据，图文类自媒体占 76%，稳居第一，短视频自媒体，以 16% 的占比，排名第二。

从 21 世纪初互联网时代的博客网站到 2009 年新浪微博，再到 2010 年后移动互联网时代的微信、抖音的兴起，随着互联网技术的不断发展，新媒体的渠道和盈利模式也在不断地进化，并逐渐呈现出多样化的特征。根据关于自媒体人的收入来源调查，当前流量分成和广告模式分别占了 35.5%、30.7%，其余为稿费、电商和打赏、社群活动（见图 1-14）等。

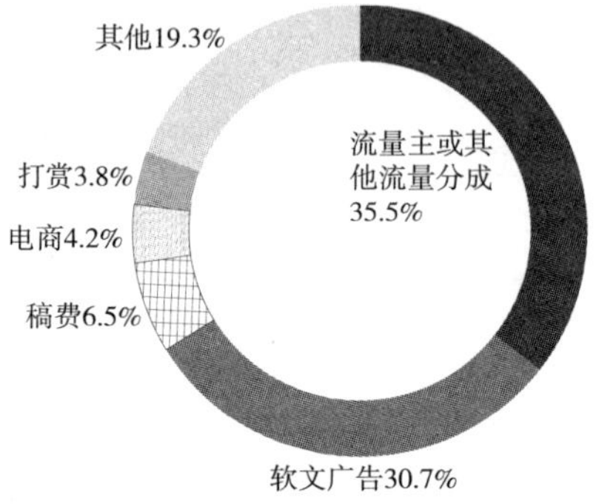

图 1–14　中国自媒体人主要收入来源调查

数据来源：综合整理自艾媒体数据中心。

综合现有学者的研究，我们总结了以下几种国内的自媒体盈利模式。

模式一：流量模式

流量模式下，根据流量的多少，自媒体创作者直接从平台进行流量和广告收入的分成。

这是最简单、最直接，也是最主要的一种模式。自媒体创作者只需要在平台发布作品，为平台吸引到足够的流量，那么平台根据阅读量的多少给予创作者相应的费用补贴。此外，在自媒体账户上，平台还会帮助将广告分配到作品的下方，如果读者观看或点击了广告的内容，平台也会给予创作者这一部分的广告费用。

比如今日头条，如果用户想要成为今日头条自媒体创作者，只需要注册登录“头条号”，将原创的视频、文章、图集等内容编辑发布到今日头条平台上，那么今日头条平台就能够根据后台记录的阅读量，按照一定的标准给予创作者费用，通常费用标准是 0.37 元 / 千次。当然如果在作品下方有广告内容，并且被读者所点击，那么还会另外支付给作者 1.24 元每千次的额外费用。

对于自媒体大号而言，如果关注粉丝数量庞大，那么依靠流量获取收入的模式相对比较简单，并且稳定可靠。

但是，对于一般的自媒体运营者来说，由于每日的点击量有限，分成的收入并不高。这种模式最大的特点就是简单直接，不需要进行相关的管理和商业运营，这一模式虽然在数量上占主流，但并不是目前自媒体大 V 采用的模式。一般来说，这种模式主要是用来吸引新用户的参与。

模式二：营销广告

不同于流量模式下广告仅仅作为附带收入，这一模式下创作者的收入直接和广告的投放、运营、策划等相关。有需求的广告商，会直接与相匹配的自媒体创作者或者是运营企业联系，并根据具体要求签订协议，然后支付广告费给自媒体运营企业或创作者。这种模式下，运营企业或者创作者，可以被视作广告公司，平台仅仅是广告和消费者链接的宣传渠道。

根据广告的类型，一般可以分为软广和硬广。软广指的是将广告植入作品中，让读者在不知不觉中受到广告的影响，由创作者定制创作。而硬广，则是指自媒体创作者或者是运营企业直接出租账号的广告位置，直接进行广告宣传。

软广做得比较知名的微信公众号，比如视觉志。根据相关媒体报道，其单条广告的定价可以超过 5 万元。此外以撰写金庸小说人物故事而出名的六神磊磊，以及“不严肃科普图文”“深夜发媸”等公众号也是软广的重要创作者。自媒体下依靠广告的盈利模式更多的是通过软广实现。当然软广对创作者的创作水平要求要远远高于硬广。

这种模式下，创作者的收入水平相对第一种流量模式会更高，但是创作要求更高，难度也会更大。

模式三：知识付费

随着知识付费理念的普遍被接受、认可，利用新媒体渠道销售自己的文章、课程、讲座等成为越来越多自媒体创作者变现的最新模式。这种模式下，创作者的收入完全来源于对消费者有价知识产品的销售，属于知识付费的范畴。

当然知识付费模式下，不同的创作者也会选择不一样的付费机制。当前主要包括两种：一种是打赏模式，比如微信公众号文章的随机打赏、知乎问答的打赏，以及当前视频直播平台的打赏等。打赏模式下，付费与否完全取决于观看者的意愿。打赏虽然门槛低，但是收入的随机性大。

另一种模式就是付费订阅（见图 1-15）。这种模式门槛相对较高，不仅排除了大部分的受众人群，而且对于创作者的创作水平也有着极高的要求。这种模式下主要是教学类的付费学习、小说阅读、深度专题报道等内容。

图 1–15 付费阅读模式

根据微信公众号的规则，只有“注册超过 3 个月、近 3 个月内无严重违规记录、已发表至少 3 篇原创文章的订阅号可以开通付费功能”。但是此种模式下，创作者的收入相对较高，并且极为稳定，只需要有一部分固定的粉丝即可。根据每日财经媒体的报道，截至 2020 年 4 月 2 日，超过 1.4 万个公众号开通了付费阅读，一篇文章最高收入达 23 万元。

模式四：电商模式（网红带货模式）

自媒体创作者通过持续的作品输出，往往会在平台上积累大量的粉丝基础。有头脑的自媒体账号运营者会利用这一粉丝基础，通过电商产品销售，将庞大的流量变现为直接的销售收入来源。例如“罗辑思维”的罗振宇和“吴晓波频道”的吴晓波都利用粉丝的喜爱和支持在线上销售各种产品。

这种模式的逻辑，首先是需要形成自己的流量规模以及粉丝黏性，这对自媒体创作者的创作要求相对较高，前期必须通过持续的投入，吸引粉丝的信任和关注，比如，Papi 酱、罗辑思维、李子柒等自媒体运营者。

其中最成功的或许就是李子柒，她是中国最为知名的短视频创作者之一。其通过对中国传统文化的诠释，吸引了全世界的关注。截至 2020 年 6 月，李子柒微博粉丝超过 2500 万，抖音粉丝数量接近 4000 万，即使在国外的 YouTube，粉丝数量也达到 1090 万以上，每条视频的播放次数都超过 500 万次。2020 年 7 月 16 日，李子柒在 YouTube 上的一条视频订阅量达到 1140 万，被列入“吉尼斯世界纪录大全 2021”。根据公开媒体的报道，在李子柒超强的带货能力下，其旗舰店上线仅 6 天，5 款产品销售额便破千万。

从根本上来说，这种模式就是对庞大粉丝流量的一种变现，虽然要求极高，但是收益也是几种模式中最高的。

模式五：IP 打造

我们认为，自媒体运营的最高级形态是IP的打造和运营。所谓IP，也就是利用多平台、多渠道、多内容、多形式等特点，通过各种资源的拼凑，紧紧围绕一个核心的品牌进行运营。自媒体的IP化运营和打造，也就是将自媒体形成的核心品牌效应，扩展到其他平台、渠道、领域，比如电影、综艺节目、图书出版等方面，再利用这些衍生领域反哺原有的核心品牌效应，实现流量和收入的正向循环。

针对当前国内比较成功的自媒体IP运营，知名研究机构“雪球”将其划分成这样的两种类型：第一种是娱乐搞笑类型，比如“万万没想到”“陈翔六点半”等自媒体类型。这些自媒体运营者主要通过创作一些娱乐、幽默、搞笑的视频作品，吸引观众的注意，然后利用长期积累形成的品牌影响力，将其转化成综艺节目或者电影。大鹏导演就是这一模式的成功代表，其在电影票房方面也取得了较大的成就，其中幽默搞笑的电影《煎饼侠》票房超过10亿元。

另一种，“雪球”称之为“精神鸦片型”，比如“罗辑思维”、吴晓波读书会。“罗辑思维”通过脱口秀节目的出圈，到后来的电商运营、年度论坛，不断拓宽其IP范围，赢得了大批渴望成功的年轻人的热捧。

模式六：社群运营

当前还有一种自媒体的盈利模式，就是社群运营。因为自媒体长期的品牌积累，获取了大批高黏度的粉丝，自媒体运营企业开始针对这一批高黏度粉丝，利用社群理念，将粉丝组建成一个个不同兴趣爱好的社群，并针对社群成员以会员费的形式，销售各种服务，比如线下读书会，定制的咨询服务，情感分享，等等。

这一模式的知名案例是“鬼脚七”自媒体。“鬼脚七”在2014年之前就开始运营微信公众平台，通过不断积累的高黏度粉丝，借助于七星会将线上粉丝成功转化为了线下的会员，通过收取会员费的形式，为会员提供各种培训、咨询服务，目前还发展到帮助企业进行咨询、招聘。

当然，在国内最为年轻人所熟知的还是罗振宇的“罗辑思维”。根据媒体报道，早在2013年，“罗辑思维”针对其粉丝推出了第一期的会员付费，付费的会员能够加入社群，享受各种活动和交流福利。第一期会员计划安排5000个普通会员，收费200元每年，铁杆会员500个，收费1200元每年。据当时媒体的报道，第一期总共5500个名额仅仅在半天的时间内就全部售罄，总收入160万元。

4G、5G移动互联网技术的不断发展，让人们的信息获取渠道发生了彻底的改变，自媒体成为当前最为主要的信息获取方式。本案例介绍了当前最为主要的几种自媒体盈利模式，未来随着技术的发展，新的商业模式必然也会不断地诞生。

怎样看待施主模式？

商业模式精要

1. 施主（Giver）模式也被称为“给予”模式。它是四种模式中较为复杂的模式，不仅因为厂商的动机和策略目的有很大差异，还有时间检验的因素。它的有效性需要经历时间的检验。为彰显它的特征，我们选择三个短案例。有比较，才能有鉴别。

2. 滴滴出行经历了一段时间商业市场上的成功。但是，当资本的策略目标与社会期望之间有明显差距时，如何兼顾资本回报和社会回报就成为向赢家模式转型的新管理课题。

3. 百度百科是另外一种“免费”给予的施主模式。它本身有社会公益性，为使用者提供知识服务。同时，它与公司其他部门的能力和战略目标之间形成有机的互补关系。它不是利润中心，而是成本中心。它的价值在于协同效应，为公司整体能力和价值服务。

4. 维基百科看起来与百度百科相类似，但从商业模式角度看，有明显差异。它们的关键流程、价值主张和收入模式都不同。完全独立于以盈利为目的的商业企业之外的施主模式能否持续？同时，依赖公司补贴的公益服务是否公正和中立？这两个问题值得我们持续观察和研究。

5. 商业模式创新，网络平台企业最积极。我们选择的三个案例都有平台性质。信息经济学有两个显著特点：第一，首次生产成本较高，复制生产成本极低；第二，冲过网络规模临界点的企业能大规模收获网络效应。网络平台企业要么走补贴用户的模式，以期尽快冲过临界点；要么走众筹的道路。哪一种方法是更能持续经营的施主模式？这需要时间来检验。

6. 滴滴出行本来是共享经济的代表。但是，当资本掌握发展方向和节奏时，网络效应价值被无限放大，而平台企业的社会共享功能仍停留在初始阶段。这为后来的一系列监管危机埋下伏笔。资本能否顺应社会期望，丰富和发展施主模式？也许这是新的转型机会。

7. 滴滴出行正成为一个多面平台企业。围绕着出行服务，它的基础设施已经可以为出租车和滴滴司机服务。未来，如果它发展成为一个通用平台，商业模式中的日常活动系统就必须再设计。例如，滴滴顺风车是否可以像百度百科一样，成为一个公益服务平台？

8. 平台有交易的（如淘宝）、整合的（如飞机制造联盟）、沟通媒介的（如腾讯视频）和社交互动的（如微信），从“施主”到“赢家”的转型道路，有些平台企业保持专一功能，有些则选择复合功能之间的协同策略。市场条件和制度规范是需要同时权衡的因素。

9. 无论出于何种战略目的选择给予，施主模式已经暗含社会价值和公共受益的商业必要性。特别是平台企业，它们天生就有社会基础设施资源的性质。忽略这一点，将埋下危机的种子。

案例概要

为用户提供低价，甚至免费的产品或服务，是施主模式的主要特征。但是施主模式下，企业只能获取较低的企业价值，甚至需要企业长期“输血”，这种情况下如何实现和维持企业的持续发展，考量着实施施主模式创业企业的智慧。在这里，我们讨论实施施主模式的三个不同企业案例。

互联网平台企业在初创阶段，一般都会选择施主模式，以免费或者是低于成本的价格吸引用户加入和参与，然后在用户形成稳定的消费习惯后，有些平台企业走向公司和社会共同的赢家，例如百度百科，有些就会利用已经形成的市场势力（比如庞大的用户规模、流量优势、用户数据掌控优势），开始“收割”用户，最终成为“饕餮”。滴滴出行目前被视为后者，也是有这方面的原因。

百度百科实施给予的施主模式当然有其战略考虑，即对集团整体商业价值的协同互补性。百度百科是提供百科知识的互联网平台，是服务于百度搜索引擎业务战略的一部分。百度百科承诺永远免费为用户提供百科知识服务，它的业务发展支持主要来源于百度集团的转移支付，以及部分广告收入。百度百科为百度搜索提供流量和品牌声誉支持，这其实是一种交叉补贴的业务发展方法。目前百度百科广告仅占较少一部分页面。

维基百科采取的也是向社会用户给予的施主模式。不过，维基除了免费为用户提供知识服务，也排除用商业广告获取收入。与百度百科相比，维基的业务更多的是由用户自发参与和支持，目前，据可查的资料，它只有6名正式行政员工①。维基百科的发展主要是依靠用户的捐赠，这一收入占比超过95%。维基将其自身定义为公益知识平台。它没有其他的收入来源。平台经常发出捐赠呼吁，但捐赠的用户似乎并不积极。调查显示，99%的用户从没有给予过捐赠。从商业模式的收入来源设计的角度看，维基也面临着持续独立发展的挑战。

滴滴出行

手机打车软件“滴滴出行”于2012年9月首次在北京上线，随后业务市场范围迅速扩展到上海、深圳和广州等其他一线城市。在成立之初，为了吸引更多的乘客和司机加入服务平台，滴滴出行支付了大量现金补贴，以低于成本的价格吸引乘客使用。2012—2018年，滴滴6年累计亏损了390多亿元。

这一阶段的滴滴是典型的施主模式——提供高顾客价

① 爱运营，互联网新闻，只有6个正式员工的维基百科如何“操纵”670万个词条？2017.8.23，https://www.iyunying.org/news/116149.html

值，但是只有较低的年收入回报。

随着滴滴用户规模的增大，用户对滴滴打车的消费习惯逐渐养成。这是施主模式直接的战略收益。同时，以资本补贴为基础的施主模式很难持续。怎样避免长期的亏损？怎样平衡资本的盈利要求和用户的权益？怎样在公司利益增长的同时促进社会价值增益？在掌控数据优势以及市场垄断地位后，滴滴立即面临上述的管理问题。如果滥用使用者个人信息，如果制度性地利用算法对乘客实施歧视定价，如果依仗合约双方不对等的权力地位对司机大幅增加抽成比例，那么，这就预示着企业将从施主模式逐渐走向饕餮模式。如果能真正落实共享经济的价值主张，如果能利用大公司资源，不断探索商业回报和社会回报之间有机的互补关系，如果能把通过用户参与而创造的平台价值与社会共享，那么，滴滴还是有机会走向赢家模式。目前，滴滴出行正处于这样一个关键决策节点。

滴滴出行的价值主张

滴滴出行宣称其价值在于为客户提供方便、快捷、便宜（高性价比）的出行用车服务，同时提高用车效率，缓解城市打车难题。利用平台的撮合功能，乘客能够通过打车平台随时随地预约周边服务车辆，节省等车时间。对于服务司机而言，司机能够借助平台，利用自己的休闲时间、车辆，赚取一定的收入，同时减少车辆在空驶中寻找乘客的时间和成本。

此外，最早的时候，滴滴甚至构想，借助于连接司机与用户的平台，为用户创造出一种新型的“司机和乘客”社交关系。它的本意是发展长远的社会价值。不过，从市场经济交易转向社会关系增益，这需要一系列探索性的方法。想一蹴而就，难免出现意想不到的新问题。后来的一些安全事故也验证了这一点。

多面平台模式

滴滴出行是一个典型的多面平台模式（见图 1–16）。

图 1–16　滴滴出行平台商业模式

这个模式下，平台利用移动互联网技术和精准的算法、数据分析，快速、高效地解决了乘客与司机之间的配对问题。随着商业规模扩大和社会意识发展，这种平台模式面临新的挑战：怎样保护用户数据的安全和用户隐私权？

平台商业模式的发展最为关键的就是用户规模数量的持续增加。无论是司机用户也好，乘客用户也好，只有用户数量大规模增加，在网络效应的规律作用下，每个用户从平台使用中获取的价值才会最大化（见图1–17）。司机用户的持续增加，乘客用户才能更容易地在更短的时间内叫到车，潜在的乘客才会更倾向于这一平台的使用。而乘客用户的增加，才能刺激更多的司机对这一平台的注册申请。

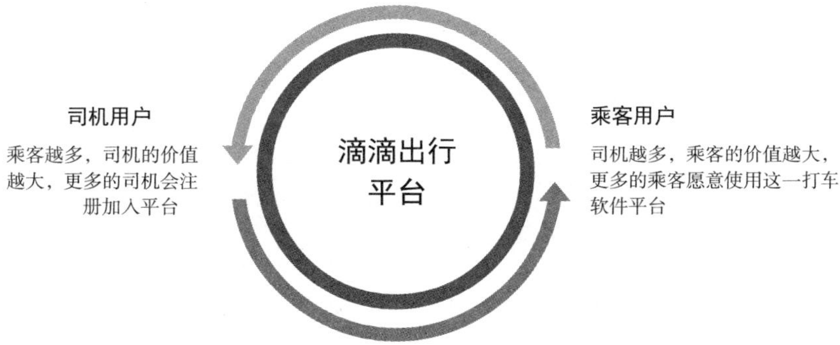

图1–17　滴滴出行平台的网络效应

对于软件平台来说，更大规模的用户，意味着更多的交易量，这样才能最大限度地摊销平台软件的开发和维护成本、管理成本。此外，在网络经济效应下，更大规模的使用用户，对于平台公司而言本身就是一种竞争壁垒和竞争优势。互联网服务平台，最大的经济特征之一就是零边际成本，每增加一个用户，其服务成本，可以几乎降低到忽略不计的程度。

究竟是应该先有鸡，还是先有蛋？

滴滴的做法是两边同步推进。借助于合作渠道，既包括支付宝、微信、饿了么等社交网络，以及自有渠道，又包括地推团队、平面广告、短信鼓励、诱导客户重复使用滴滴出行等，滴滴迅速积累了大量的用户基础。

互联网服务平台获取用户流量的另一种方式就是通过资本投资，烧钱补贴。通过同时对平台的两端——司机和乘客提供额外的现金补贴，滴滴快速抢占市场份额，做大用户规模，形成网络规模效应。在滴滴推广初期，大量的初始用户在大额现金补贴下获得了仅仅几块钱就能乘车的使用资格，而司机不仅能够获取乘客的全额支付，还能得到滴滴公司平台额外的现金奖励。因此，在双边网络平台效应下，由于大量的现金补贴刺激，越来越多的乘客开始使用滴滴打车软件，而随着乘客基础数量的增加，以及现金奖励，更多的司机加入滴滴出行。由于补贴以及更多的司机出现在滴滴平台上，乘客在滴滴平台上打车也更容易，等候时间极大缩短。理论上讲，它反过来推动了更多的乘客用户使用滴滴，最终平台两侧形成了良性的正向循环。

滴滴出行的收入模式

作为出行平台服务企业，滴滴出行最基本的盈利模式就是收取服务中介费，主要是对司机端的交易抽成，即向司机抽取每单的费用，类似淘宝、京东等平台模式。滴滴 2018 年第四季度，抽成费率为 19%。

滴滴的成本结构很清晰（见图 1-18），初期主要投入在技术的研发、维护上，后期则集中于App的推广、发布、维护。可以看到这些成本随着用户规模数量的增加，单位用户成本将会迅速降低，显示出规模经济效应。

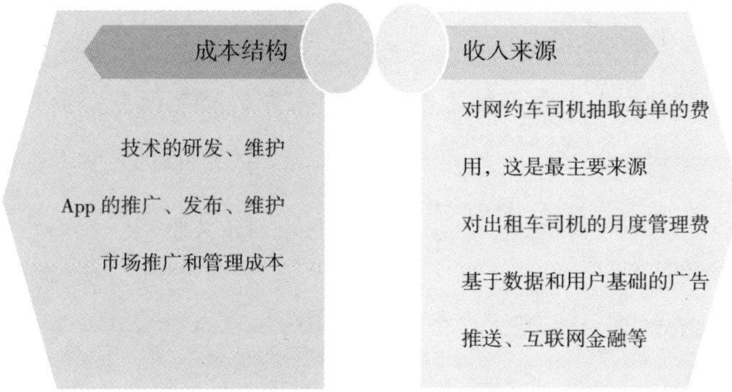

图1-18 滴滴出行的成本结构与收入来源

此外，随着滴滴出行平台上乘客用户数量的积累和增加，以及原有的技术服务能力和大数据精准计算能力，2016年8月，滴滴出行开始将业务拓展到现有的城市出租车领域，通过为出租车司机提供技术服务和大数据计算服务，帮助出租车司机与附近乘客进行匹配，司机仅仅根据交易量支付给滴滴一定的技术服务费。

滴滴出行开始不断地收购、兼并其他打车软件，在与快的合并以及并购Uber中国以后，滴滴在国内出行市场基本上形成了垄断地位。此外，滴滴出行还将专车、快车、拼车、出租车、租车、代驾、自行车骑行、顺风车、拉货搬家等出行服务全部纳入平台，打造了完整的出行生态闭环。

最后，随着平台上用户的增加，滴滴出行也开始在平台上进行互联网金融业务的探索，以及地方周边生活消费广告精准推送。

随着业务扩大，企业获取和积累大量消费者数据。这时，商业模式中的关键活动就需要包括数据治理的策略和步骤。否则，在提供增值服务和滥用用户数据之间，企业很难自清。长此以往，不仅用户会反抗，公共政策的监管部门也一定会干预。在这个方面，滴滴出行为平台企业提供了深刻的教训。

2021 年 7 月 4 日，国家互联网信息办公室发布了《关于下架“滴滴出行”App 的通报》:“根据举报，经检测核实，‘滴滴出行’App 存在严重违法违规收集使用个人信息问题。”7 月 9 日，国家网信办宣布下架滴滴相关的 25 款 App。

互联网平台企业是新生事物。它们的商业模式转型也引起了市场和社会的广泛关注。作为社会经济基础设施的一部分，平台企业在享受“网络外在性”滋生的商业价值同时也有连带的社会责任。怎样平衡两者之间的关系？这直接影响到平台企业商业模式转型的成功与否。互联网平台企业的商业实践仍然是现在进行时，仍然有许多值得研究和考证的新规律。不过，通过转型商业模式分析，我们已经获得两个重要的规律：平台企业要设计从“施主”到“赢家”的过程；平台企业要创造性地解决相关的社会问题，放大平台的商业价值。

滴滴出行会从“施主”变到“饕餮”还是“赢家”？我们的商业模式已经包括了可能的选择。当然，答案只能来自企业自身的行动。

百度百科

百度百科是另一个不同的施主模式案例，它承诺为用户免费提供知识服务。

百度百科是互联网巨头公司百度于2006年推出的一个网络百科全书中文网站，是百度搜索引擎业务战略发展的重要一环。截至2021年8月，百度百科收录了超过2408万个中文词条，有741万人参与词条的编辑。

百度百科，之所以能够在短时间内快速地成为最大的中文百科全书网站，最重要的就是它的众包生产模式。

众包生产模式下，百度百科的每位用户同时也是它的产品生产者。

百度百科的内容生产者

百度百科最为重要的资源就是百科内容创作，也就是词条的创建和编辑。

作为一个百科式的知识网站，很难有任何一家机构能够独立地创建涵盖所有知识范围的词条。为此，百度百科将自己定位为“人人可编辑的百科全书”，任何用户，在注册百度账户后，都能够自由地创建和编辑百度百科上的所有词条，并且这个创建和编辑不收取任何费用。

目前参与百度百科编辑工作的主要是这样几类用户。

首先是普通百科用户，目前有741万的百科用户，他们是百度百科词条创建的主要力量。这类用户数量大，门槛相对较低。

第二类是蝌蚪团成员。目前有480名左右，这些蝌蚪团成员，有着更高的专业素养，主要是从普通百科用户中自动筛选出来的，这需要百科用户创建至少5个特色词条，同时升到百科4级，才可能成为蝌蚪团成员。

第三类是分类达人团。这一类用户主要是某一行业、类别领域内的专业人士，他们自发地分享专业词条知识、完善词条内容。截至2021年8月，百度百科有153个团队数，涉及46389个团队成员，他们完成垂直领域的词条数量超过985万个，特色词条6.8万个，囊括了百科历史地理组、流行分化小分队、生活组、科普小分队、体育组、工程组等领域。

第四类是校园大使。目前有700多人，他们主要是一些志愿参与百度百科校园相关的公益活动、知识创造的大学生。

用户激励

百度百科的背后是百度，这是一个完全商业性质的公司。而众包模式下，用户的广泛参与度是成功的关键。如何激励用户参与有着商业背景的百度百科词条的创建和编辑是百度百科在发展过程中的重点工作。

首先，百度百科宣布了其完全免费的性质，这也就意味着任何用户参与词条的创建和编辑，都是公益性质的知识传播行为。这无形中给予了参与者社会公益贡献的荣誉。用户只要参与进来就可以获取经验值，参与得越多，经验值越高，对应的身份级别也就越高，用户感受到的荣誉也大。

其次，物质激励。针对不同的用户，百度百科给予了相应的区别性激励方案。为了保证这样的激励方案不与社会志愿公益带来的荣誉相冲突，百度百科并没有直接给予现金奖励。

百度百科在官网建立了自己的百科商城，这一商城囊括了各种生活用品，但是商城并不直接售卖商品，需要依靠用户的财富积分进行换取。

针对普通用户，百度百科会根据其创建和编辑贡献，不仅给予其不同的级别身份荣誉（百科头衔），同时根据贡献多少，也给予一定的积分奖励。针对升级后的蝌蚪团，百度百科不仅会给予其更高的专属身份ICON、团队奖励加成，还会给予其一定的管理权限，以帮助百科评审和管理词条，同时还给予更多的积分奖励，这些奖励可以直接在百科商城进行礼物兑换。而针对校园大使，百度百科则以实践证明、大使证书、夏令营活动、大厂实习、专属周边等来吸引优秀学生的参与。分类达人团也会得到不同的专属礼品和特权奖励。

此外，为了吸引更多的外部用户参与进来，百度百科官方设置了专门的百科任务，参与百科任务的用户会根据自己的业务量得到财富积分的奖励，并能够直接在商城兑换虚拟特权、徽章和实物礼品等。

最后，利用百度百科的高流量，增加合作方的品牌曝光度、影响力以及专业权威度也是百度百科吸引用户积极参与词条创建和编辑的另外一个口号。

关键流程控制

在流程控制机制方面，百度百科早期因为规范问题备受指责，目前其已经形成了较严格的收录规范和审核流程。

普通用户在创建和修改词条内容后，必须由百度百科内部审核之后才能通过展示，只有部分高级用户拥有绿色通道。百度内部审核一般分为两种：人工审核以及系统过滤，一般只需要几秒钟到几个小时即可审核通过。

此外，为了进一步提升百度百科词条内容的专业性、权威性，百度百科还在官网上发起了“内容合作”，积极与外界的学术组织、行业垂直网站、权威专业机构、博物馆等开展专业领域的内容合作。同时邀请外部权威编辑加入，针对专业知识领域的百科词条进行编辑。

这样的流程模式，需要百度内部强大的管理团队，而这往往意味着高昂的运营成本。

收入模式

百度百科是一个免费的知识传播平台，用户不需要支付任何费用就可以直接使用百度百科。

百度百科业务发展的收入来源主要是两个方面：第一就是百度公司的转移支付。

百度百科业务是服务于百度的搜索引擎发展战略的，它是百度最为重要的流量获取渠道。百度公司通过集团的转移支付，支持百科业务的发展，而百科业务的发展反过来会增加用户对百度搜索等产品的使用黏性和品牌忠诚度，这是一个交叉补贴的发展模式。

百度百科的另一个收入来源就是广告。根据对百度百科的搜索，可以看到几乎每一个百科词条页面都有一个广告弹窗，这些广告弹窗将直接跳转到百度广告搜索页面。目前来看，百度百科的广告弹窗相对位置较小。

百度百科能否持续施主模式？这是一个值得观察的行业试验。一方面，既要维持对用户免费的承诺，以吸引用户的参与和生产贡献，同时还要维持庞大的管理团队费用。另一方面，无论从品牌影响、流量、用户黏性还是使用习惯的角度看，它对集团的整体价值都有不可低估的贡献。从上面滴滴出行案例中，我们也看到，如果完全遵守资本的逻辑，施主模式很难持续。同时，滴滴出行最近的遭遇也许给管理者带来新的启发，即社会价值评估应该纳入施主模式的整体评估中去。施主模式所创造的社会资本和公共福利过去被大大低估。也许，新一轮平台企业发展战略会重新思考这个问题。

维基百科

成立于2001年的维基百科是全球最大的百科平台。根据维基百科最新统计数据，截至2021年8月，维基百科有超过2100万个词条，其中中文120.6万个，英文632.6万个，日文127.5万个，法文234万个，西班牙文169.6万个，德文259万个，意大利文170.1万个，葡萄牙文106.6万个，等等。

与百度百科一样，作为百科平台，维基百科采用的也是众包生产模式。维基也同样免费为用户提供知识服务，属于施主模式的范畴。但是维基百科也呈现出自己的一些特征。

维基百科的内容生产者

根据媒体报道，维基百科全职团队只有6名正式员工，其他都是全世界志愿参与服务的志愿者。维基百科的词条创建者和编辑者都是它的注册用户。维基百科在编纂方面的要求和标准非常严格，另外维基百科的编辑器也设定了许多限制。这些外在的约束，直接滤掉了大部分不合格的参与者。在这样的筛选机制下，维基百科的内容生产者通常都是相对较为专业的人士以及重度参与的用户。根据相关统计，维基百科平台上1400位重度用户贡献了70%以上的内容。

维基的激励机制

众包模式下，对用户参与的激励是这一模式成功的关键。维基的激励模式主要还是精神激励。

首先，维基百科将自己定位为完全的全球文化传播公益事业，坚持不收取任何用户费用，也不发布任何广告链接。这样的定位下，每位志愿者的工作就是为全球公益事业服务，这给予了参与者极大的荣誉感。

其次，维基还会根据用户的贡献大小，给予其不同的荣誉标签，此外，还会颁布各种奖项证书，专家、大师等荣誉称号。这些奖项仅仅是作为创作方面的鼓励，没有任何实际特权。

最后，维基实施了用户等级金字塔结构，最底层用户是封禁账户，之后是匿名用户，再之后是注册用户、管理员、行政员、监督者等。根据用户的贡献大小，其给予用户不同的使用权限。

当然，部分企业、品牌参与维基百科的编纂，也是为了增加其品牌的曝光率和推介流量的获取。

关键流程控制

如果说百度百科的管理还有内部员工的参与和引导，那么维基百科就完全是志愿者的管理模式，媒体报道维基百科只有6名正式员工。从组织策略角度看，我们可以将维基百科视为自组织的生产模式。这种模式不仅能够最大限度地调集全球智慧资源，而且公司运营管理成本也相对较低。

在词条创建和编辑方面，维基百科设置了严格的规范标准，用户只需要按照规范标准自发编辑创建即可，而任何不符合标准的词条都无法创建或修改。有相关研究证实，维基百科的准确性和世界知名的《大英百科全书》有一比。

收入来源

维基百科为用户提供免费的知识产品，同时也坚持不做广告，维基创始人明确表示不接受商业广告。

不同于百度百科是为百度的搜索引擎战略服务，能够获取一定的转移支付，维基百科的收入来源主要是用户的捐赠，根据维基百科的历年财务报表数据，捐赠实现的收入占维基全年收入来源的95%左右，其余就是一些公司资金的投资和项目服务收费等，占比不到5%。①

但是根据维基百科曾经发布的公告，99%的读者并没有给予维基捐赠。为了实现维基的独立发展，维基经常在网站上发布公告，请求读者给予捐赠。这种模式下维基百科未来的独立性、持续性发展仍然存在一定的挑战。

怎样看待维基百科的施主模式？不仅用户，许多商业管理研究者也高度关心这个问题。透过我们的商业模式，维基

① 罗志成，关婉湫，张勤．维基百科与百度百科比较分析 [J]. 情报理论与实践，2009(04):71-74.

百科的价值主张和利益相关者都是明了的。不过，收入模式不稳定和缺乏保障是明显的短板。不解决这个问题，它会成为“公地悲剧”，即缺乏维护的动机和行为。若要解决这个问题，维基百科仍需要回归到商业模式的关键活动设计这个维度，创造能够带来稳定收入的组织活动。

施主模式比较复杂。所以，我们选择三个案例，比较它们的不同特征。在共性上，它们都面临从“施主”向“赢家”转型的挑战。如何成为“赢家”？我们另择章节讨论。

“饕餮”：2016 年的视觉中国

商业模式精要

1. 几千年来，人类社会的商业活动都强调“元、亨、利、贞”，即任何一个商业模式都要尊重社会制度环境的文化理念和伦理价值。商业不是凭空存在的，它首先是社会意义上的合法活动。当它有违所在社会环境的文化理念和社会价值的时候，无论暂时看上去多么强大，终究逃脱不了失败的命运。滥用所谓的维权模式，以低级低价方式获得商业模式中的资源，它不会长久。

2. 每个商业制度环境都包括一些极端现象。这些现象单独出现的时候，显得极为荒谬。但当它与其他现象共生时，它们有相克相容的系统平衡关系。它们各自扮演对社会有价值的角色。“专利敲诈”（patent trolling）就属于单独看荒谬，系统看有其价值的社会现象。在法律法规成熟、法制力量强大的社会环境中，对付专利敲诈有各种各样的方法。专利敲诈被容忍，一方面是因为有制衡的力量，另一方面是因为它有模糊性，不容易根治。

3. 2016—2019 年间的视觉中国使用的所谓维权模式可以很容易在西方法律市场中找到它的模仿对象和模仿逻辑。当它与鹰眼技术（图像版权网络追踪系统）和互联网平台技术混搭在一起的时候，技术成为武器。它在展示强大的恐吓力量的同时也预示着监管即将到来。

4. 2016—2019 年视觉中国的商业模式利用了网络平台企业与普通用户之间法律资源严重不对等而造成的市场势能。但是，与政策法规和文化价值体系相比，无论如何强大的市场势能，都最多只能逞一时之快。有违公序良俗的商业模式可能有爆发力，但没有持续的生命力。

5. 利用法律法规的滞后性，利用颠覆性技术的千钧之力，利用社会认知的不对称性，许多平台企业的创始人精于设计个人获得暴利的时间窗口，赚了就走。怎样看待类似的创业活动？是制止，还是容忍？是平衡社会收益和社会成本之间的关系，然后再采取行动？社会和市场都没有定论，也许永远不会形成一个定论。

案例概要

“饕餮”商业模式下，企业虽然能够获取和维持大量的企业利润，但是却以客户的价值被侵蚀和损害为代价。饕餮模式注定不能持久，要么就是沦为“败将”，要么就是通过断腕改革，重新回到赢家象限。

视觉中国的发展经历了由赢家象限到饕餮象限，再由饕餮象限回到赢家象限的完整过程。

成立于2000年视觉中国，是一家以视觉内容版权销售为核心业务的互联网文化创意企业。视觉中国并不直接生产素材，而是作为中间服务商，代理并销售版权。视觉中国的发展对于互联网背景下国内数字版权的交易和保护起到了重要的推动作用。

此阶段的视觉中国是一种典型的赢家模式。

然而故事的转折点发生在2014年视觉中国借壳上市之后。

2014年视觉中国借壳远东股份正式上市，并以5.28元/股的价格向廖道训等17名自然人定增发行了4.71亿股，根据定增时的承诺，这些高达25亿元的定增股票只有在5年内业绩达到预期标准之后才能被解禁。

2016年视觉中国用公司发明的鹰眼系统来追诉侵权行为，创造了所谓的“维权营收”模式。这一系统的诞生原本声称是为了监控大客户的图片使用情况，更好地服务客户。通过维权营收模式，视觉中国和潜在图片使用客户到处打侵权官司，要挟该类客户与其签订长期合作协议。

这种模式的效果立竿见影，2016年以后，视觉中国的净利润增长率由2015年的11.14%增长到36.24%。而中国裁判文书网数据显示，同时期，视觉中国在2016年以前每年的诉讼案子仅仅在1500件左右，2016年以后迅速飙升到2500多件（见图1–19）。

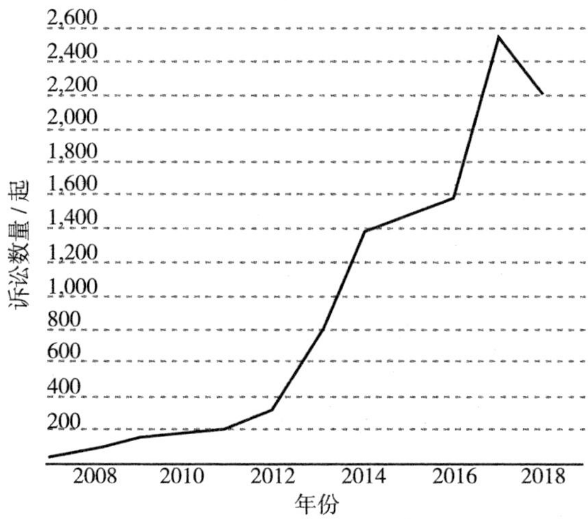

图1–19　视觉中国历年所涉诉讼数量变化情况

资料来源：包雨朦，承天蒙. 图解视觉中国维权战术：在粤沪苏官司最多[EB/OL].（2019–04–14）[2021–05–25]，澎湃新闻. https://www.thepaper.cn/newsDetail_forward_ 3293150.

因为业绩增长目标的实现，视觉中国在2019年9月18日发布公告，涉及限售的3.88亿股票顺利被解禁，解禁股票占公司总股本的55.39%，按照当时的股价，解禁市值合计超过百亿。随后的两个月内，主要解禁股东纷纷开始着手减持手中解禁股票，总共减持金额超过2.5亿元。按照当初的

5.28 元定增价计算，减持均价在 20 元左右，利润是原来的 4 倍。

此时的视觉中国已经变相成为市场的“饕餮”。

视觉中国的维权营收模式一直持续到 2019 年 4 月的黑洞照片事件和国旗国徽事件的连续发生（见表 1-1），视觉中国网站被迫两次关停和内部整顿。次年的 3 月 20 日，视觉中国网站才又重新恢复正常运营。

表 1-1　视觉中国 2014—2019 年业绩增长情况

增长情况	2014 年	2015 年	2016 年	2017 年	2018 年	2019 年
营业总收入同比增长 /%	49.26	38.82	35.48	10.75	21.27	−26.90
归属净利润总比增长 /%	76.46	11.14	36.24	35.48	10.45	−31.81

资料来源：根据视觉中国公开财务报表综合整理。

在全国铺天盖地的舆论压力下，经过两次整顿后的视觉中国，大力调整公司原有运营模式，强化公司内部对上传图片的审核，同时主动放弃维权营收模式，并且发布公告：“欢迎社会各界继续监督。”

而根据媒体报道，之前曾经收到视觉中国律师函的一家深圳制造业企业，也称视觉中国在第二次关停前，无理由撤诉了。

视觉中国的运营模式，对于消费者养成付费习惯、尊重知识产品、强化国内的版权保护有着重要的意义。经过两次停运、整改后的视觉中国，避免了沦为“败将”的结局。它的商业模式转型，是一种清晰的由饕餮模式重新回到赢家模式的转换。

本案例主要讨论的是视觉中国整改之前的饕餮模式。

视觉中国图片门事件

根据媒体报道，在维权营收模式下，视觉中国网站平台在几乎从不审核的情况下，收集上传者图片素材，并将其打上公司 logo，然后利用鹰眼系统追踪任何没有授权使用视觉中国素材的企业用户，并向其发出律师函。被追诉的用户要么付出一大笔侵权费用，要么被胁迫与视觉中国签订长期合作协议。在这样的模式下，2019 年视觉中国引发的图片门事件似乎是注定的。

2019 年 4 月 10 日，全球同步发布了人类首张黑洞照片。一时间，在微信、微博、朋友圈等互联网平台以及传统媒体上，这张照片被广泛传播。

然而过了不久，网友发现视觉中国网站将这张照片打上了水印，也就是说，视觉中国“拥有”或者“代理”了黑洞照片的版权，以后任何人使用这张图片，都需要得到视觉中国的授权和许可，一时间广大网民纷纷指责视觉中国的无赖行为，然而视觉中国却发声明公开表示：黑洞照片仅供有资质的新闻媒体使用，个人或自媒体在微信公众号等平台使用会有版权风险，未经授权不建议使用。

发布原始照片的欧洲南方天文台表示，视觉中国将所谓的“授权”视为它可以在中国境内销售这张图片的版权，并从中牟利，这种行为不合法。

随后又有网友发现，中国国旗和国徽照片也被视觉中国打上了水印，被其“拥有”或“代理”了使用版权。

一时间，全国网民和媒体开始声讨视觉中国的维权营收模式，认为这种模式严重侵害了消费者的合法使用图片的权利。

视觉中国的平台商业模式

视觉中国的商业模式是典型的平台模式，视觉中国并不生产和上传图片，而是仅仅通过提供互联网版权交易平台，利用技术优势，整合全球优质版权内容资源，为数字视觉内容的生产者与使用者提供全方位的版权交易服务和增值服务（见图 1–20）。

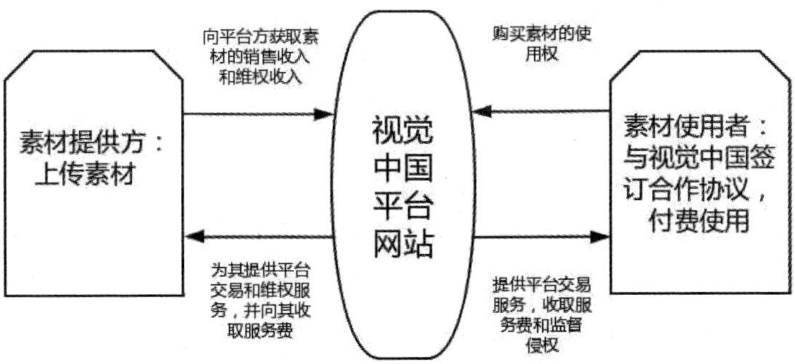

图 1–20　视觉中国的平台商业模式

在内容生产方面，视觉中国拥有240多家供应商和超过1.5万名供稿人。公司与视觉素材提供者（不仅仅是生产者）签署协议后，将提供者的视觉素材放到其网络平台上，客户通过视觉中国提供的搜索服务找到自己需要的视觉素材并支付相关的版权使用费，公司再根据原定的协议向素材提供者支付一定的版权费用，并从中赚取一定的服务费或交易提成。

这种平台模式有着显著的跨边网络效应，使用客户越多，那么素材所有者越愿意加入这一平台，而平台的素材积累越多，使用客户的选择性就越大，客户也就更倾向于这一平台。视觉中国通过自身的互联网技术平台对视觉素材进行整合，并将整合好的这些视觉素材的使用权或增值服务以打包或单独销售的方式提供给顾客。

据与视觉中国签约的三位摄影师介绍，签约摄影师的收入来源分为销售收入和维权收入，维权收入就是视觉中国通过自己的法律团队，帮摄影师对客户侵权使用的行为进行维权所获取的收入。摄影师每个月会收到上个月的销售报表，来确定实际的收入。

而视觉中国通过素材的版权拥有者上传素材，成为其版权代理平台，向有相关需要的各方授权使用，视觉中国根据素材版权的销售额以及维权所获得的费用进行提成，同时收取一定的服务费。销售额和维权收入越高，视觉中国获取的利润越多。

在互联网数字环境下，图片的搜寻和使用变得更为容易，但同时版权侵权行为也更容易发生。视觉中国利用互联网技术服务平台与集体维权模式，推动了版权付费交易，保护了创作者的合法权益，有着极大的社会意义。

如果不考虑到后来的维权营收模式，视觉中国的这种商业模式可以说是典型的“赢家”商业模式。

“饕餮”：视觉中国

正如本书关于平台商业模式的阐述，其最关键的资源就是获取足够多的用户。而适用到视觉中国的关键资源就是足够多的素材，为了实现这一目标，视觉中国大幅放松了对用户上传素材的审核标准，甚至是没有审核标准。根据媒体报道，一些明显没有个人版权的图片，比如晚清时代的照片、国旗国徽图片等被上传到视觉中国后，也都被打上视觉中国的版权标识。此次的黑洞照片，正是视觉中国审核不严的结果。

在互联网技术发展的帮助下，视觉中国开发了鹰眼系统。视觉中国宣传开发这一系统的目的是利用爬虫技术、人工智能等迅速了解客户对视觉中国图片的使用情况，更好地服务客户。但是，2018 年 8 月，视觉中国曾在关于投资者互动平台上回应公司的市场竞争优势提问时主动表示，公司自行研发的鹰眼，能够追踪到公司所拥有的图片，也就是打上视觉中国水印的图片在网络上任何地方的使用情况。针对侵权客户，公司可以获取高额的侵权收益或者是与这些潜在客户签订合作协议，从而锁定此类客户。

根据视觉中国的公开资料，截至2017年末，获得公司视觉内容授权的国内客户已达10万个，其中通过鹰眼发现的潜在客户数量较上年有超过84%的增长，通过鹰眼新增年度协议客户数量较去年同期增长超过54%。

“维权”成了视觉中国客户增长的主要来源。被追诉的企业客户，由于担心诉讼的名誉影响以及高昂的诉讼成本，往往会主动和解，并与视觉中国签订长期合作购买协议。

根据媒体的公开报道，视觉中国曾经与一家叫作正林的公司打过版权官司，尽管视觉中国与正林都拿不出版权所有的法律明证，但是最高人民法院依然判决视觉中国胜诉，并将其作为年度知识产权案件通报。林腾、郑洁瑶指出，由于视觉中国现有的成熟诉讼应对体系和庞大的法律团队，“虽然多次曝出过视觉中国拿着自己没有版权的照片去找人维权，甚至找原版权持有方维权的笑话，但其经营模式并未受到任何影响”。

直到后来黑洞照片和国旗国徽照片版权问题的出现，在全国人民的声讨下，视觉中国网站两次被迫关停整顿，视觉中国才真正开始调整自己的运营模式。

一般来说，平台商业模式下，素材版权举证的责任在于上传该图片的摄影师，图库平台根本无法仔细审查每个摄影师对每张照片是否真的拥有版权。此外，即使是本人原创素材，也需要一定的公证手续，才能获取法律意义上的版权明证。对于任何一家平台企业而言，对上传者的素材一一调查核实非常费力，几乎不可能实现。

但是这并不意味着平台不需要对素材进行任何审核。

这一阶段的视觉中国是典型的“饕餮”。

随着视觉中国图片门事件的揭露和被讨论，视觉中国在2020年第二次整顿后对公司的管理和运营模式进行了较大程度的改变。根据公告，公司改变了过去利用侵权官司维权式销售的模式，强化了对用户上传作品的审核，同时引进了外部的监督机制。而且一旦发现平台上出现非法侵权作品，就对其及时地通知、移除、下架。

严格来说，在中国乃至在全球，现在互联网作品保护的主要问题不是保护过头或者说滥用权利的问题，而是保护不足的问题。从本质上看，视觉中国的发展有利于互联网时代数字版权的交易和保护，有利于保障创作者的合法权益。整改后的视觉中国，重新回到了赢家象限。

普渡制药：从“饕餮”到“败将”

商业模式精要

1. 商业模式越强大，商业伦理越重要。强大的商业模式一般体现在公司获取社会资源的能力和获取商业价值的能力方面。除了技术平台企业外，医药行业是另外一个有强大商业模式的领域。

2. 在为利益相关者创造价值方面，医药企业不仅创造价值，还创造价值的解释权。因为医药知识的专业性和特殊性，医药企业有信息优势和知识优势。它们滋养了医药企业的市场影响力和社会权力。

3. 病人与医药企业之间存在严重的权力不对称性。作为一个群体，病人的认知能力远远低于医药企业。因为疾病和缺陷，病人严重依赖医药企业的供给，没有自由选择的能力。这样的情况给医药企业制造"使用依赖性"提供了机会。如果没有商业伦理的监督和审查，医药企业时常抵挡不住利润的诱惑，滥用所掌握的权力。这也成为医药企业商业模式的长期隐患。

4. 现代社会中，商业系统的复杂性和影响力达到前所未有的程度。个体消费者往往处于市场权力结构的底层。他们受到无良产品的伤害，后果也不能立即显示出来。待到监管机构循证管制无良产品时，个体消费者受到的伤害已经无法逆转。

5. 坚持饕餮模式的商业机构一般都会落入"败将"的陷阱。解决方法之一就是把商业伦理实践内化为商业模式设计的一部分。

案例概要

在医药行业，用户对于药品的使用存在一定的信息不对称，个别厂商会利用客户这样的信息差，以客户的价值损害为代价换取公司自身销售份额的增加，这是一种典型的饕餮模式——高商业价值、低甚至负的客户价值（见图 1-21）。本部分将以医药行业的普渡制药为案例，来说明其如何从饕餮象限最终走向败将象限。

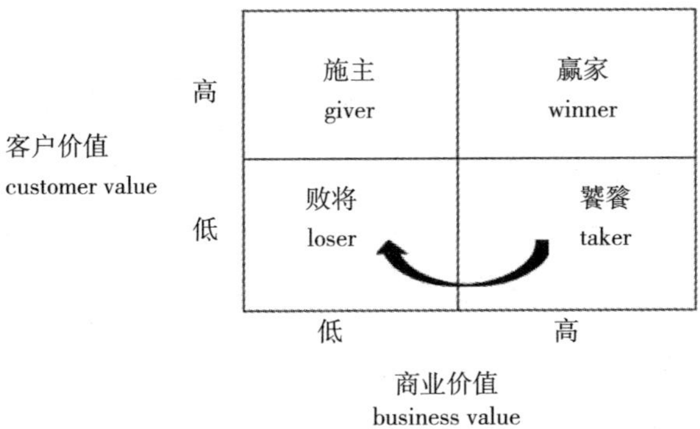

图 1-21　普渡制药由饕餮象限沦落到败将象限

普渡制药是一家创立于 1892 年的美国老牌药企，主要研发、生产和销售（类）阿片类止痛药，包括氢吗啡酮、羟考酮、芬太尼、可待因和氢可酮等，并不断创新推出了多种阿片类的缓释药物。

阿片类止痛药，一般都含有从阿片（罂粟）中直接提取的生物碱或相关的衍生物，在国内一般被称为鸦片类药物。在美国，只要拿到医生的处方，就能合法地随意购买。阿片类药物最大的危害就是成瘾性和药物依赖，并极易诱发年轻人对毒品的尝试。根据美国国家药物滥用研究所（NIDA）的研究，大约 4%~6% 滥用阿片类药物的患者会去尝试海洛因，而使用海洛因中有 80% 的人曾经滥用阿片类药物。

根据相关媒体报道，从 1999 年以来，总共有超过 45 万美国人死于阿片类药物的滥用。而世界卫生组织 2014 年发布的报告指出，全世界每年有 6.9 万人死于阿片类药物过量，超过 1500 万人对阿片类药物形成依赖性。

2017 年，时任美国总统的特朗普就曾因为阿片类药物的滥用，宣布美国进入公共卫生紧急状态。而最近一次美国进入“公共卫生紧急状态”就是 2020 年的新冠肺炎疫情。

普渡制药，作为最早并且最为知名的研发、生产和销售阿片类药物的制药企业，因为它对阿片类药物的误导性宣传和促销，成为美国阿片类药物滥用的始作俑者。根据《经济学人》杂志的统计，2000 年奥施康定（OxyContin，用于缓解持续的中度到重度疼痛，1995 年由普渡制药推出）销售额超过了 10 亿美元，而此时距离药品的上市才 4 年时间。2008 年以后奥斯康定每年的销售额始终维持在 20 亿美元以上（见图 1–22）。

在销售额快速增长的同时，从 2001 年开始，普渡制药就频繁地收到参与处方药滥用的指控，尤其是其半合成类阿片药物奥施康定的营销推广。到 2019 年，针对普渡制药的指控诉讼案件累积超过 2600 件。

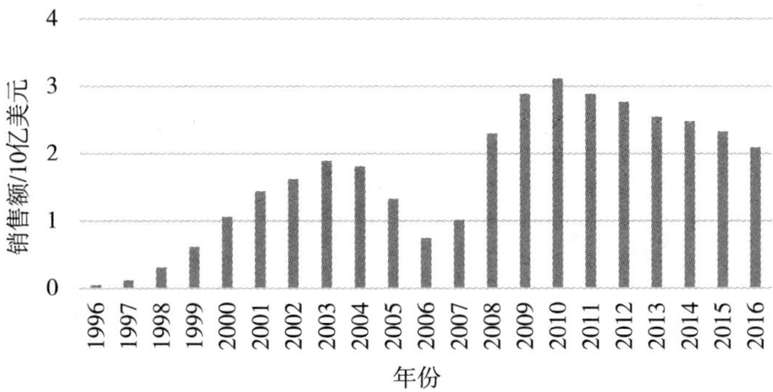

图 1-22　1996—2016 年美国奥施康定销售额

数据来源：综合整理自《经济学人》，昆泰医药信息学研究所（Institute for Healtheare Informatics），Quintiles IMS。

最终，2019 年 9 月，普渡制药向法院申请破产保护。

2020 年 11 月，普渡制药表示认罪。等待它的将是 35 亿美元的刑事罚款以及 20 亿美元的刑事资金没收、28 亿美元的民事和解费用。

普渡制药董事会主席史蒂夫·米勒（Steve Miller）最新表示，将把普渡制药转制成为一家公益性的实体，以用于阿片类药物成瘾的治疗。

普渡制药的发展体现了其商业模式在“饕餮”和“败将”之间的转变，最终能否转为“施主”，还有待未来的进一步观察。

“饕餮”普渡

1892年，普渡－弗雷德里克公司（Purdue Frederick Company）在美国曼哈顿成立，也就是普渡制药的前身。

1952年，公司被卖给了雷蒙德·萨克勒和莫蒂默·萨克勒兄弟，并被改名为普渡制药。那时候，普渡的经营范围是售卖耳垢去除器和缓泻剂。到1987年，普渡制药仍然还是一家小医药公司。普渡制药发家是从售卖止痛类药物开始的。

1984年，普渡研发了吗啡类缓释药物美施康定；1996年，它又研发生产了阿片类缓释药物奥施康定，它是用于治疗疼痛的主要处方药之一。

作为缓释类药物，奥施康定推出时的主要卖点是“能提供12小时的止痛效果”，而当时的止痛药普遍效果是4~6小时。并且，普渡制药宣称，奥施康定缓释药片并不会像速释型氧可酮一样有上瘾隐患。

如果其宣传的这两点都证据确凿、足够可信，那它确实能带来巨大的客户价值，因为其可以帮助病人减轻疼痛，替代市面上的其他止痛药。普渡也将是典型的“赢家”，尽管在定价方面，奥施康定并不便宜。

为了尽快增加市场份额，根据公开的资料，普渡制药主要采取了以下这些手段来实现销售额的快速增长：

1. 大规模地对普通病人进行营销，一方面把长时间止痛效果作为核心卖点，另一方面在宣传和推广中，利用企业的信息优势和话语权优势，坚持强调奥施康定不会引起患者的上瘾。根据媒体报道，仅在2001年这一年间，普渡制药就花了超过2亿美元的成本对药物的性能进行市场营销和推广。

2. 直接设法鼓励医生给病人开奥施康定镇痛药。普渡制药采取的具体策略主要包括：为医生提供参加止痛管理学术研讨会的免费旅行、给医生提供有偿演讲机会等。这些推广策略在实际销售中被证明极为有效，根据公开的资料，在1996年，医生开出的奥施康定处方单只有31.6万张，而到了2001年，达到了1400万张。根据美国研究机构的统计，全国每12名医生中，至少有1位接受了阿片类药物企业的营销。

3. 资助与疼痛有关的教育项目或者相关的组织，间接对医生产生影响。从1996年到2002年7月，普渡制药对超过2万个与疼痛有关的教育项目进行了资助。此外，普渡制药还资助了美国疼痛学会、美国止痛药学会等组织。这些组织因此鼓励更加激进的止痛疗法，特别鼓励阿片类止痛药的使用。这些组织同时宣称，合理地使用不会导致药物的滥用和成瘾。

这些策略大获成功，从1995—2001年，奥施康定为普渡制药带来了28亿美元的收入；截至2016年底，奥施康定带来的累计收入达到了310亿美元，到2017年达到了350亿美元。单单2010年一年奥斯康定药品的销售额就超过了30亿美元。为普渡制药公司带来了巨大的企业价值的同时，普渡制药的所有者萨克勒家族也成为美国顶级富豪。

尽管普渡制药连续否认、撇清，但是奥施康定等阿片类药物的“成瘾性”乌云一直在普渡制药的上空逡巡不去。

从21世纪初就有人不断地质疑，奥施康定可能并不像普渡制药宣称的那么无害。2003年，《纽约时报》记者巴里·迈耶（Barry Meier）撰文质疑奥施康定带来的风险；2007年，肯塔基州官员状告普渡制药造成了阿巴拉契亚地区的奥施康定滥用，并索赔数百万美元。

在2007年，普渡制药在联邦法庭认罪，承认误导医生和消费者，称奥施康定确实没有它宣称的那样不易成瘾且比其他止痛药效果好。为此，普渡制药支付了6.35亿美元的罚金。

但支付了罚金之后，联邦政府并没有对普渡制药销售相关药品进行管控。

普渡制药仍然在宣传和售卖导致上瘾的奥施康定，而仅仅对配方稍做修改，并在说明书上增加了警告说明。之后其对新版奥施康定的营销推广力度更强，甚至用给开出相关处方的执业医师支付回扣的方式来促进销量。在这样的背景下，更多的美国人开始使用止痛药奥施康定。更严重的是因为奥施康定的滥用，年轻一代美国人开始转向更便宜、药效更明显的替代毒品——海洛因。

2017年8月，时任美国总统的特朗普因为全国阿片类药物的滥用，宣布美国进入公共卫生紧急状态。

2019年1月，根据波士顿医学中心和纽约大学医学院联合发布的最新研究结果，阿片类销售企业给医生的回扣、费用越高，这一地区的药物滥用和死亡人数越多。

普渡制药以严重损害客户价值的代价换取企业销售的增长，直到慢慢滑入败将象限。普渡制药在全国被起诉的案件不断，最终于2019年申请破产保护。

从“饕餮”到“败将”

从2007年开始，普渡制药就一直被卷入各种各样的官司当中，尽管如此，普渡制药还是在持续加大对阿片类药物的营销推广力度。

2018年5月，佛罗里达、内华达、北卡、北达科他、田纳西和得克萨斯六州起诉普渡制药有欺诈性的市场行为；到2019年1月，全美有36个州在起诉普渡制药，诉讼数量超过2600起。

2019年9月15日，普渡制药提交了破产申请。

2020年10月21日，普渡制药公司对三项刑事指控认罪，承认的刑事指控主要包括：1. 阻碍卫生机构应对药物滥用的努力，并且通过故意提供误导性信息，促进药物的销售；2. 通过各种方式向医生营销，诱使医生为阿片类药物开出大量处方；3. 借助于对电子病历公司的控制，鼓励阿片类药物处方的使用。

普渡制药最终同意支付罚款和赔偿金，这些款项总计

83 亿美元，其中包括 35 亿美元的刑事罚款、20 亿美元的刑事资金没收，以及 28 亿美元的民事和解费用。这是有史以来美国对单个药品企业做出的数额最大的处罚。

此外，萨克勒家族的成员还需额外支付 2 亿美元罚金，并转让公司的控制权。另外，需要强调的是，此次认罪罚款，并不包括刑事责任的免除，也就是之前被拘留的萨克勒家族成员以及公司高管、员工，仍然需要等待后续的司法判决。

至此，普渡制药彻底宣告失败，不再能创造客户价值和企业价值了。

“败将”到“施主”？

针对司法部的裁决，普渡制药董事会主席史蒂夫·米勒表示：“公司对司法部商定的事实陈述中详述的不当行为深表遗憾并承担责任，将对 2017 年 6 月之前营销活动中发生的任何不当行为负责。接受司法部的调查是我们破产过程中的一个重要步骤。和解协议将为普渡制药向破产法院提交重组计划铺平道路，该计划将把公司的所有资产转移到一家公益公司，最终为索赔人和社区提供 100 亿美元以上的费用。今天的普渡是一家完全不同的公司了。”

早在 2017 年因为阿片类药物滥用美国宣布进入公共卫生紧急状态后，普渡制药就逐渐停止向医疗保健专业人士销售阿片类药物，随后又取消了营销团队。

根据普渡制药的最新计划，新公司将作为一家公益性的实体，接受新的受托人监督和管理，并计划以免费捐赠或大幅的药价折扣方式为受害民众提供药物成瘾治疗以及相关的逆转药物。美国司法部也明确表示，愿意为这样的公益公司提供信贷支持，以帮助阿片类药物的减排计划。

通过为受害民众提供免费的成瘾治疗以及以折扣供应逆转药物，普渡制药将转型为一种典型的施主模式——高的客户价值，较低的商业价值（见图 1-23）。

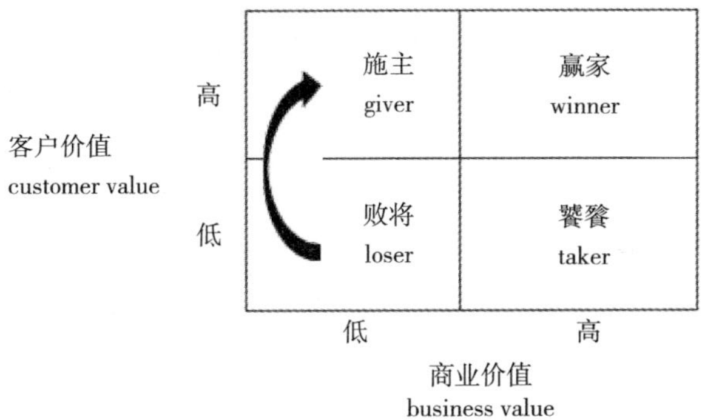

图 1-23 普渡制药商业模式价值矩阵转换

左右摇摆的辉瑞

商业模式精要

1. 大企业难免经历四种模式。能否避免从饕餮模式滑落进入败将模式，考验着大企业的危机管理能力。

2. 持续的创新是大型医药企业维持赢家模式的基础。

3. 医药行业的社会价值与商业价值是相互依存的两个方面。创造并释放社会价值，是医药大企业施主模式的主旋律。

4. 医药专利是药品高定价的合法来源。随着专利竞争加剧，一种药品可能有多个合法专利，归属不同的企业。依靠专利资源获取优势的赢家策略受到时间考验。每个赢家策略能维持的窗口时间不断缩短。

5. 卫生健康的价值光谱可以从救命延展到活得更好。未来 10 年，医药企业居于赢家地位的概率不断提高。怎样将施主模式和赢家模式有机地联系在一起？这不仅要求有创新药品，还要有公共沟通能力。在医药企业中，公共沟通能力发展非常不均衡。它往往成为医药企业商业模式设计的短板。

案例概要

2020 年 5 月 6 日，辉瑞率先表示已开始在美国测试抗新冠病毒疫苗，此时距离新冠病毒的大规模流行仅仅几个月时间。2020年12月11日，美国食品药物管理局（FDA）授权批准了辉瑞公司新冠疫苗的紧急使用。辉瑞制药CEO阿尔伯特·布尔拉（Albert Bourla）宣布将以低价出售疫苗给美国政府，供人们免费使用。这是典型的施主模式。

但是曾经有一段时期的辉瑞，也长期实施被诟病的饕餮模式。

辉瑞制药有限公司，作为全球最大的百年老牌生物制药公司之一，通过自己的持续研发创新，不断为全世界消费者带来了大量优质的药品。但是由于研发创新的高昂成本和风险，以及有限的专利保护期限，在“专利悬崖”的压力下，为了维护股东的利益，辉瑞制药开始将更多的精力放在收购兼并、削减成本、减少创新研发投入和销售推广方面，甚至依靠行贿销售，希望通过对财务数据的修饰美化，维持股价的稳定增长，增加股东回报。

有媒体分析提出，自从1998年之后，辉瑞就再也没有通过自己的实验室推出过一款重磅产品。同时辉瑞在不同国家市场中实施的价格歧视策略以及利用收购兼并进行跨国避税政策，在美国也饱受诟病。

这样的模式下，固然公司的商业价值能够不断得到增长，但是如果没有客户价值增长的配合，这样的饕餮模式恐怕也很难长久。

本案例将重点阐述辉瑞如何逐步沦为“饕餮”。

“赢家”辉瑞

辉瑞是美国的百年生物制药公司，成立于1849年，是全球规模最大的以研发为核心的生物制药公司之一。

公司的产品领域主要涉及化学药物、生物制剂、健康保健药物等。辉瑞在中国市场上市的创新药物目前就已经超过50个，涵盖了心脑血管及代谢、抗感染、中枢神经等各个领域。比如被国内广大中老年人群使用的心血管药物立普妥（Lipitor）、氨氯地平（络活喜），以及男性保健药西地那非（万艾可）等诸多医药产品，以及辉瑞旗下的善存、钙尔奇等医药保健品，都在中国市场上被消费者广为熟知。

《财富》世界500强企业排行榜上，辉瑞制药凭借营收规模连续多年上榜，其中2018年列第187名，2019年列第198名，2020年列第215名。在2019年，辉瑞更是凭借111.53亿美元的净利润，在世界500强最赚钱的50家公司中排名第46位。

辉瑞的发展历史，可以追溯到1861年美国的南北战争。通过为北方军队供应药品，辉瑞迅速成长为美国最大的化学药品生产企业之一。战争结束后，辉瑞的主要销售额增长来源是柠檬酸产品的生产，一直到1928年青霉素的诞生。第二次世界大战期间，通过为美国军方供应大量的青霉素产品，辉瑞公司再次飞速成长。战后，辉瑞公司持续增加研发的投入，新药品的成功研发和生产成为其持续壮大的根本驱动因素，尤其是1998年辉瑞公司研发推出的西地那非，帮助辉瑞成为当时美国最大的药品生产企业。

纵观辉瑞的成长史，就是一部不断依靠创新研发推出新产品的历史。在辉瑞的成长中，全球消费者享受到了不断推出的更优质的新药品，企业营收和利润规模也得到了不断增长。这一阶段的辉瑞是典型的赢家模式。

“饕餮”辉瑞

医药行业最为核心的资源就是依靠大规模的研发创新投入，不断推出新的药品。根据有关统计，在所有行业中生物医药行业研发支出占销售额的比重最高，2015 年平均为 15%，其次就是软件和计算机服务，这一比重仅为 10.6%。

专利虽然是医药行业最为核心的资源，但是有着一定的保护期限，当前通常为 12 年。超过这一期限，其他医药公司就能够合法地进行仿制生产。对发明企业而言，就会出现所谓的“专利悬崖”。“专利悬崖”，指的是一家公司的领先产品在专利到期后可能出现的收入急剧下降。

根据辉瑞 2019 财年的数据，普瑞巴林（Lyrica）2019 年刚刚专利到期，其销售额就已经大幅下滑，2019 财年销售额仅为 33.21 亿美元，下降程度超过 33%，而 2018 年该产品的销售额还有 49.7 亿美元。图 1-24 是普瑞巴林历年的销售额以及增长率。

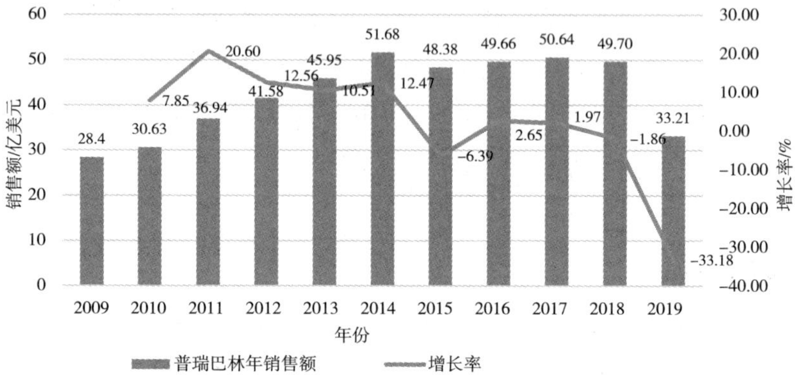

图 1-24　普瑞巴林年销售额以及增长率

来源：根据米内网跨国上市公司销售数据库综合整理。

而美国食品药物管理局仅仅在 2019 年 7 月就已经迫不及待地批准了 9 家公司生产普瑞巴林的仿制版本。

此外，曾经连续 7 年销售额超过百亿美元、辉瑞的重磅产品立普妥，到 2011 年专利保护期结束，销售额立马就下滑了 90%，到 2013 年仅有 23 亿美元。

国内普通消费者熟知的西地那非的专利保护期是到 2014 年 7 月结束，而国内的厂商在 2013 年就已经迫不及待地展开仿制准备工作。在美国的专利保护期过后，辉瑞公司这一产品的全球销售额同样立马大幅下滑。

表 1–2 是辉瑞公司核心产品专利到期情况。针对自身核心产品的专利集中到期，而持续研发的高风险和高投入、高不确定性，辉瑞在一段时间里逐渐放弃了这一核心竞争优势来源。针对辉瑞的研发创新，医药行业内权威人士指出，在全球制药行业中，辉瑞拥有与其规模相比最差的创新产出。自 1998 年西地那非的成功推出之后，辉瑞一直没有依靠自己的实验室独立推出一款重磅的创新药品。

表 1–2　辉瑞核心产品专利到期情况

药品	普瑞巴林(lyrica)	伐尼克兰(chantix)	舒尼替尼(sutent)	爱博新(ibrance)	托法替布(xeljanz)	肺炎球菌疫苗(prevnar13)	阿哌沙班(eliquis)
2018 年销售额 / 亿美元	49.7	10.85	10.49	41.18	17.14	58.02	34.34
核心专利到期时间（美国）	2019/6	2020	2021	2023	2025	2026	2026
核心专利到期时间（欧盟）	2014/7	2021	2021	2028	2028	2026	2026
核心专利到期时间（日本）	2022	2022	2024	2028	2025	2029	2026

资料来源：摘录整理自医药魔方。

为了保证股权所有者利益，维护市值的稳定，不是依靠研发创新投入的增加，而是利用一轮又一轮的并购和销售的强化，似乎成为辉瑞维护股东利益最有效、最快捷的手段。

在这一期间，相对于竞争对手，辉瑞打造了更强大的市场营销团队和营销预算规模——将近9000人的销售代表，2005年全年的广告预算为35亿美元。据估计每个销售代表的费用每年在17万美元左右。表1-3是2017年全球最大规模的几家医药公司的研发和销售支出情况，从中可以看到辉瑞的研发支出和销售支出规模严重不对等。

表1-3　2017年全球最大规模医药公司的研发支出和销售支出情况

（单位：10亿美元）

公司	销售支出	研发支出
辉瑞（美国）	45.36	7.63
诺华公司（瑞士）	41.88	7.82
罗氏（瑞士）	41.73	9.18
默克（美国）	35.36	7.56
赛诺菲（法国）	34.40	8.36
强生（美国）	34.08	6.18
吉利德（美国）	28.67	4.98
葛兰素史克（英国）	27.74	4.83
艾伯维（美国）	25.66	3.52
安进（美国）	21.80	3.48
阿斯利康（英国）	19.78	5.41

资料来源：综合整理自 Top 50 global pharmaceutical companies by prescription sales and R&D spending in 2017。

伴随着销售业绩增长的是辉瑞行贿事件的频繁发生。根据美国证券交易委员会（SEC）2012 年 8 月发布的指控声明，辉瑞为了增加药品的销售，曾经向一些国家的地方官员和医护人员公然行贿。为了掩盖其行贿行为，辉瑞在这些地区的销售代表往往会将这些费用支出以学术会议、培训、讲座等合法方式列支。公司还公然为开出辉瑞药品的医生制定积分，这些积分能够换取相应的现金等价物。最终，辉瑞不得不缴纳了 6016 万美元的罚金作为与美国司法部（DOJ）和 SEC 和解的条件。

为了应对专利悬崖，修饰公司财务业绩，辉瑞另一个重点举措就是收购兼并。

辉瑞的收购史可以追溯到 20 世纪 90 年代，研发了立普妥的华纳－兰伯特（Warner－Lambert）公司和辉瑞达成了共同销售推广立普妥的合作协议，到了 2000 年，辉瑞以 890 亿美元的天价全额收购了华纳－兰伯特公司。此次收购，不仅为辉瑞带来了巨额的销售业绩增长，而且还帮助辉瑞降低了 2.7 亿美元的成本。

这样的财务成功案例激励辉瑞后续不断地依靠收购兼并提升企业的竞争优势。

2003 年辉瑞收购了法玛西亚（Pharmacia）化学公司以获得 Cox-2 抑制剂产品的所有权。根据媒体报道，在法玛西亚公司收购完成后，辉瑞宣布关闭了 25 个主要的发展中心。

2010 年 11 月，伊恩·里德（Ian Read）成为辉瑞的 CEO

后，进一步削减了辉瑞的成本，其中包含1万名员工的解雇，5个研究中心的关闭。1年后，辉瑞的成本达到1980年以来最低水平。

2012年和2013年伊恩·里德进一步出售了健康营养部分、动物健康业务，以更好地发展核心业务。同时，继续收购生物医药公司，以提升辉瑞的研发水平。

Hospira（收购价170亿美元）、Medivation（收购价143亿美元）、Anacor（收购价52亿美元）等案件的相继成功，使得伊恩·里德更坚定了通过并购重组推动增长的战略。

2013—2014年，辉瑞又以1100亿美元的价格发起了对阿斯利康（AstraZeneca）的收购，最终被阿斯利康董事会拒绝。

2016年，辉瑞用140亿美元的价格收购了抗癌药生产商Medivation，尽管这个价格远远超过了当时Medivation的市值。

2016年，辉瑞又和爱尔兰艾尔建（Allergan）之间开展了有史以来医药行业最大规模的财务兼并邀约，这一收购案金额高达1600亿美元。最终这项兼并因为美国政府对辉瑞财务避税的担忧而被中止。很明显，这一财务兼并案是为了利用爱尔兰更优惠的税收政策环境。根据媒体报道，辉瑞甚至还想将对葛兰素史克的收购作为“收购B计划”。但最终，也因为葛兰素史克认为被低估以及美国政府的打击避税政策，收购案被中止。

辉瑞的董事会主席兼CEO伊恩·里德公开表示:“增加和保护公司股东的利益是我的主要责任”,“外国公司的税率只有15%,我们好比被绑着一只手在和对手竞争”。因此,兼并收购成为辉瑞转移企业利润、合理避税的一个重要手段。通过将母公司的利润和收入转移支付给位于税收更友好的国家和地区的子公司,集团利润实现了大幅增加。此外,辉瑞等制药公司还在美国和欧洲之间实行歧视性定价。

至此,为了满足股东的利益,依靠兼并收购、大规模营销推广,甚至行贿营销,削减研发成本和人员,美化财务报表的辉瑞已经沦为了市场的“饕餮”。

“施主”辉瑞

尽管辉瑞各种大手笔的“买、买、买”,但是这似乎并没有为辉瑞的财务状况带来彻底的改观。由于辉瑞创新研发投入的落后以及创新产品对销售增长贡献的不足,辉瑞已经落后于它的主要竞争对手,比如吉利德、罗氏、强生、诺华等。

图1-25是诺华、辉瑞与罗氏2009—2018年期间的股价走势,从中可以看到相对于诺华,辉瑞的收购并没有显著地提升股价。

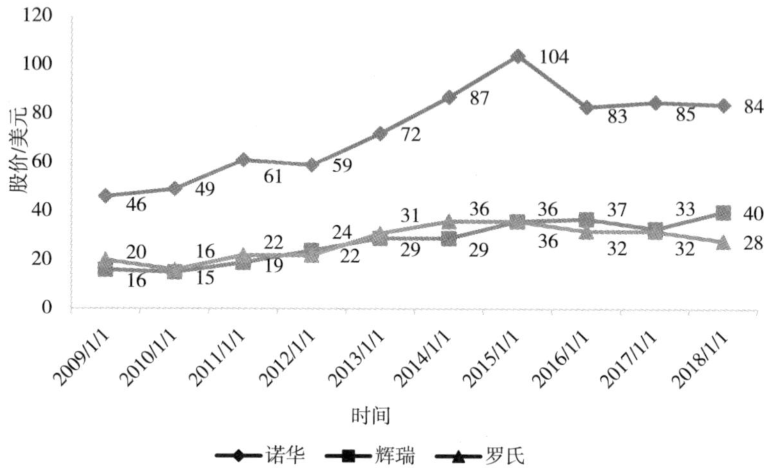

图 1-25　诺华、罗氏、辉瑞 2009—2018 年股价走势对比

资料来源：综合整理自雅虎金融网站公开信息。

而根据 Fierce Pharma 网站发布的 2020 年全球制药公司营收 20 强名单，因为辉瑞的大动作改革，剥离了仿制药业务普强制药，辉瑞排名由第 3 大幅下跌到第 8 名。表 1-4 是辉瑞 2013—2020 年的主要财务情况。

表 1-4　辉瑞 2013-2020 年主要财务数据

财务指标	2020 年	2019 年	2018 年	2017 年	2016 年	2015 年	2014 年	2013 年
利润 / 美元	419.1 亿	411.7 亿	408.3 亿	525.5 亿	528.2 亿	488.5 亿	419.1 亿	411.7 亿
毛利率	79.26%	79.96%	77.99%	78.63%	76.67%	80.25%	79.26%	79.96%

资料来源：根据辉瑞公开财务报表信息综合整理。

2017 年 1 月，时任美国总统的特朗普在新闻发布会上抨击了制药行业，称一些药企在美国对药品收取高价是“未受到惩罚的谋杀”。2018 年 7 月，特朗普又在推特上公开抱怨辉瑞在美国相对于欧洲制定的高药价。

2019 年，阿尔伯特·布尔拉接替成为辉瑞新任 CEO 后，开始逐渐改变过去的依靠兼并收购提升业绩的策略。

2020 年 11 月，辉瑞和德国的合作伙伴 BioNTech 宣布其用于预防新冠病毒的 mRNA 疫苗研制成功，有效性超过 90%。同时，《国会山报》2020 年 11 月 9 日报道，辉瑞的新冠疫苗将按照折扣价出售给美国政府，并免费供应美国人使用。

此外，2021 年 3 月，辉瑞表示已经决定停止在中国发展生物类似药（生物类似药，指的是与已批准的生物原研药相似的一种生物仿制药），并将生产生物药的杭州生产基地以极低的价格出售给了国内本土企业药明生物。根据媒体报道，辉瑞的这一基地，前期投资超过 3.5 亿美元，目前还没有正式投产。

有媒体分析，这意味着辉瑞战略的彻底转变。原来发展仿制药，依靠兼并收购实现发展的模式成为过去式。

辉瑞中国也明确表示未来将主要发展创新药品：“辉瑞会将研发资源集中投入最迫切的疾病领域，对中国医药创新市场做出贡献。”

2

商业模式的价值创造机制

客户价值、商业价值与商业模式创造的总价值

现在，让我们来看看是什么推动了客户价值和商业价值的创造。图 2–1 中的模型比较直观地展示了价值创造的逻辑。

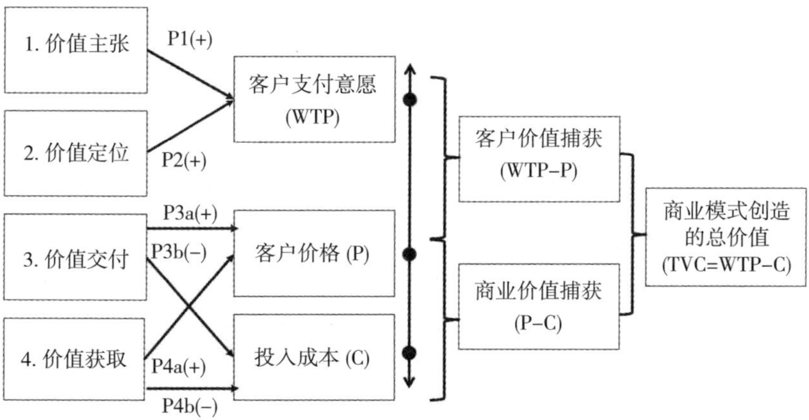

注：P1（+）、P2（+）表示对客户价值的增加有积极影响，P3a（+）、P4a（+）表示对商业价值的增加有积极影响。P3b（−）、P4b（−）表示对商业价值的增加有消极影响。

图 2–1　商业模式的价值创造机制：主张、定位、交付和获取

我们先来看看什么是客户价值。

在市场经济中，只要顾客愿意付钱，就能创造价值。当客户的支付意愿超出了客户同意支付的价格时，就产生了经济学中的客户价值获取，而这一超出的部分被称为消费者盈余。支付意愿是客户对产品

或服务效用的主观评价，是对公司的产品或服务使用情况的主观效用评估。只要客户的支付意愿高于支付的价格，他们就会感到满足，公司也就拥有了满意的客户。在本章案例部分，我们会讨论“泡泡玛特”的盲盒案例，它也遵循这个原理。

商业模式创造的总价值的另一个组成部分是商业价值。商业价值本质上就是利润，是公司收取的客户价格和公司在客户服务中的投入成本之间的差异。只要价格高于成本，公司就获得了利润，就在创造商业价值。

因此，商业模式所创造的总价值，就是客户支付意愿和投入成本之间的差异。而客户价格决定了创造的总价值如何在客户和公司之间分配。

我们可以具体看看“赢家”“施主”两种模式下总价值的分配情况。

在理想的赢家象限里，客户价值和商业价值都是正的。但是，如果公司的成本比向客户收取的价格要高，这就意味着公司在带来巨大的正的客户价值的同时，却在摧毁公司的商业价值。这就是施主商业模式。

另一种情况是假如我们是受法律法规保护的组织，包括利用法规漏洞，暂时具有合法性的商业组织，每个人都必须以任何给定的价格从我们这里买东西，此时总价值的分配情况就会完全偏向商业价值，这就是饕餮象限。我们谈到的普渡制药的案例，它就是一个利用法律法规漏洞，暂时保有商业合法性，但最终破产的“饕餮”商业模式。

举另外一个例子，如果你要移民到加拿大、美国、澳大利亚或任何其他国家，都必须支付移民费用；无论政府要收多少钱，你的支付意愿都必然比实际缴纳的费用要低得多。但是，由于你真的需要移民，最终还是不得不支付。在这种情况下，公司会有很大的商业价值，因为成本和价格之间的差异非常大。但同时，消费者的支付意愿将低于价格，也就意味着客户们并不满意。

这就是饕餮象限。饕餮商业模式可以成功一时，但不会得逞一世。前面案例中，我们讨论过视觉中国曾以饕餮模式发达，但随后陷入危机，最后从饕餮模式向赢家模式转型。

所以到现在为止，我们讨论了客户价值、商业价值、商业模式创造的总价值这三个基本概念。商业模式的总价值完全取决于客户支付意愿和公司总成本之间的差异，而价格决定了这些价值如何在公司和客户之间分配。所以从本质上说，这一机制解释了“施主”“赢家”“饕餮”和“败将”这四个象限的意义。

价值创造的四种基本机制

那么，创业者能做什么呢？增加商业模式创造的价值，依赖的主要机制是什么？我们曾经写的一篇文章提供了一个学术框架，讨论了价值创造的四种基本机制。

第一种机制是价值主张。它涉及的问题是你能提供什么，你能为你的客户解决什么样的问题，你如何比其他公司更好。这些对客户支付意愿有积极的影响。你为客户提供的服务越具体，就越能满足客户的核心需求；比竞争对手好得越多，客户愿意付的钱就越多。

价值主张听上去通俗易懂；但实践中，真正能够精准提炼出价值主张并不容易。哈佛大学教授克里斯滕森（Clayton Christensen）曾研究过一家非常受欢迎的奶昔店，人们往往在开车去办公室之前买上一杯。多次蹲点考察后，他发现消费者喜欢这家店的奶昔有特殊的原因——奶昔的浓度比较高。因此开车过程中，消费者可以用它陪伴早上的通勤时间，直至办公室。消费者路上要有事儿做，这款奶昔刚好能满足这项需求。

假如我们只是简单归类，认为消费者钟情于奶昔产品，那我们就误读了价值主张。因此，深入考察消费环境和过程非常重要。不要急于下结论，像考古学家那样，浸淫到情境细节中，通过体察、假设和验证，然后才能明白真正的价值主张是什么。

一个即兴思考题：从你的经验中，找出一个价值主张错位的例子。

第二种机制是价值定位。你是否定位了你的关键客户？你也许能提供完美的产品和完美的价值主张，但是却可能找错了客户。在这种情况下，这些错误的客户根本不在乎你提供的服务。比如，智能板（可以在上面写字的板子）在教育中有很多用途，板与计算机相连，可以让学生与幻灯片交互或者与智能板上的不同程序交互。可以看到，它有很不错的价值主张。但作为一名大学教授，我觉得它对我来说用处不大。所以说，价值主张当然很重要，但正确的做法是去找到真正需要智能板的客户群体，帮助他们解决问题。

我们学校的教室里都有一块当地高科技公司提供的智能白板。这家公司的创始人也是从我们任教的商学院毕业的（所以就不提公司名字啦）。创始人很会游说加拿大阿尔伯塔省政府的教育官员。最后，他们获得了政府补贴，把智能白板安装到本省几家大学的课堂里。在这个阶段，他们的商业模式明显归于饕餮象限。可是，对于教授这样真正的关键客户，他们没有做过认真的沟通，甚至没有提供任何培训。10 年过去了，我们两位教授从来没有用过这个安装在教室里的摆设。这家公司近 10 年的表现也江河日下，从饕餮象限进入败将象限。

第三种机制是价值交付。它关心的问题是实现你的承诺的成本有多高，你履行承诺的效率有多高。它决定了你的成本以及你将收取的价格。我们服务过的一家软件公司就遇到价值交付的问题。他们是新兴的软件公司，非常希望能够获得客户的认可。因此，公司对客户做出安装、培训和试运营免费的承诺。操作过程中，他们发现了大问题。

软件交付过程的成功与否取决于软件厂商、应用复杂程度和用户的能力。软件交付过程也很难标准化。它有大量交流、学习和能力转让的成本。这家公司后来发现，他们是无法免费提供交付服务的。他们必须从施主象限转型到赢家象限。

通过我们的帮助，这家软件公司改变了价值交付的商业模式设计。他们把交付和客户分为三类：第一类是只卖标准化产品；第二类是软件产品低价出售，交付服务以咨询形式收费；第三类是让客户送人来公司免费培训，然后自主安装软件。经过调整，公司从施主象限进入赢家象限。用户满意，公司盈利。

第四种机制是价值获取。它关心的问题是你能否把价格定对，你的商业模式中是否有合适的竞争优势从而允许你向客户收取高于成本的费用。当企业销售有形产品时，价值获取的形式比较直观：一手交钱，一手交货。但是，随着产品和服务无形部分的增加，所创造的价值的一部分就不那么显而易见了。例如，许多希望成为平台的企业长期处于施主象限，找不到能够兑现自己价值的设计。人们普遍使用的维基百科给使用者带来巨大价值，但是，维基百科仍然在寻找兑换价值、获取现金流的机会。每过一段时间，我们都会收到它推送的请求：捐款3块钱，支持维基百科。事实上，许多人是愿意捐款的。但是，我们自己尝试着做过之后就发现，捐款过程步骤太多。如果它的应用界面优化，建立更加容易使用的手机应用，并且让捐款只需要在手机支付上做一次点击，那么，它能获得的捐款一定可以以倍数增长。

维基百科是一个明显的缺乏价值获取方法的例子。现实中，价值发现、交付和消费的过程越长，无形信息服务的部分就越多，价值获取的问题也越严重。事实上，我们自己也不能免于这样的烦恼。许多商家希望能够获得教授的建议和咨询，但怎样能够公平合理地获得咨询回报始终是一个挑战。信息智慧的特征是：没有告诉对方之前，对方不知道价值，无法确认是否值得付费；告诉对方后，价值消费已经完成，但价值获取就比较含糊不清，对方也可以不支付任何费用。对于这种情况，咨询公司会有一个事先约定。和咨询公司相比，教授扮演的咨询角色往往模棱两可，这也许是教授受穷的原因之一吧。

所以总体来说，商业模式的基本机制就是价值主张、价值定位、价值交付和价值获取。这四个杠杆，可以决定你能创造多少财富。

商业模式的设计与分析

现在，让我们讨论一些非常实际的细节问题。如何设计商业模式？如何分析一个商业模式？市场上有很多不同的商业模式设计和分析框架。所有这些框架都有优势和缺陷。我们希望在这本书中，能够让读者们对商业模式有大致的了解，并帮助读者思考如何设计和分析。

我们的转型商业模式设计集中在四个方面。通过研究比较，我们认为，绝大多数商业模式都与我们的模型相匹配。但是，我们的模型是最简约的（见图 2–2）。

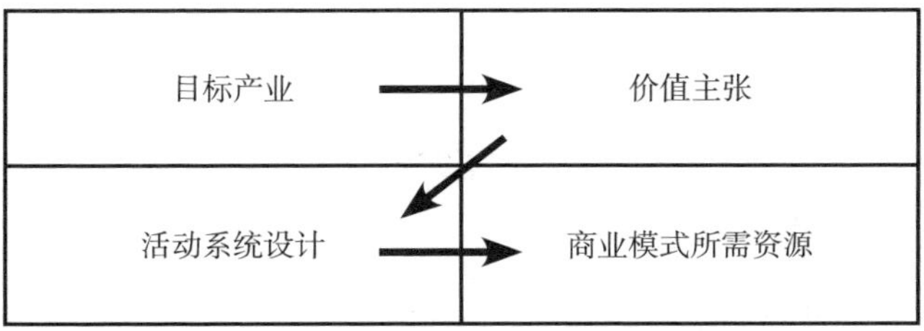

图 2–2　商业模式系统：四个模块的分析框架

思考商业模式时，我们必须考虑四件事：首先是目标产业。我们打算在哪个产业开展业务。其次是利益相关者和价值主张。为了让利益相关者参与进来，我们应该向他们提供什么。再次是活动系统的设计。在我们的商业模式中，必须建立哪些关键的活动和过程。最后是所需要的资源，为了使我们的商业模式运作，我们需要获取、控制或租赁哪些资源。

在讨论清楚这四件事之后，我们就有了完整的商业模式。它们涵盖了商业模式中需要考虑的所有内容。在下文中，我们仍然将这四件事放置于四个模块，并一一阐述每一个模块中需要讨论的具体问题（见图 2–3）。

目标产业 广义产业定义 可寻址市场 初始细分部门 计划扩张的市场区域	**价值主张** 主要利益相关者：终端用户（消费者）、渠道合作伙伴、关键供应商、政府等 每个利益相关者的价值主张：已解决的问题，解决方案的差异化因素
活动系统设计 收入模式（类型、频率、价格、收入流） 研发模式 生产模式（制造、物流） 进入市场的模式（渠道、促销）	**商业模式所需资源** 投资资本 人力资本 伙伴关系 有形资产 无形资产

图 2–3　商业模式系统：分析框架

模块一：目标产业

我们首先看第一个模块——目标产业。我们关心的主要问题是：创业者在考虑企业的目标产业时，应该明确讨论什么。第一，应该讨论广义产业定义。你从事什么产业？是软件开发吗？是教育吗？是制造吗？第二，应该讨论可寻址市场。你主要客户的市场有多大？第三，必须讨论初始细分部门，或初始利基市场。你打算从哪里开始？你最初打算主导的利基或部门究竟是什么？第四，讨论计划扩张的市场区域。在未来 5 年的财务规划框架内，你打算从你最初的主导市场转移到其他市场区域吗？

所以总结一下，讨论目标产业时，重要的是搞清楚你从事什么产业，你在目标市场上有多少客户，这个市场在初始阶段或新市场扩张阶段能赚多少钱。

很多企业商业模式创新的成功就是因为找准了一个好的目标市场，无论是拼多多将客户定位于“五环外”，还是派乐滕将居家健身需求的人群作为目标客户，都是如此。在本章案例部分，我们会对其如何通过目标市场的重新选择定位从而实现商业模式创新进行详细讨论。

模块二：价值主张

现在，让我们来看看第二模块——价值主张。

在考虑价值主张时，你要列出关键的利益相关者名单，这包括关键的合作伙伴，关键的组织、个人或团体。你需要让他们参与到你的商业模式中来，让商业模式发挥潜力。另外，你要考虑能够给每个人提供什么产品或服务。对于每个创业项目来说，最重要的利益相关者群体是不同的。但没有哪个创业项目只依赖于某一群利益相关者，比如只依赖单一客户群体的模式只会造成不稳定。大多数情况下，你需要很多利益相关者。你需要合作伙伴，也需要一些在劳动力市场上很难找到的关键员工。你必须将他们都视为关键利益相关者，并向他们提供价值主张。另外，利益相关者也可以是政府或投资者。

如果你需要一种特殊类型的投资者的话，利益相关者也可以是你的经营活动所在的社区。比如说，如果我们的创业项目是生产巧克力糖果，并在街角的商店出售，我们的第一个利益相关者将是终端用户，也就是任何要吃我们的糖果的人。但我们也需要考虑买家。虽然我们的糖果是针对孩子们的，但真正的买家是孩子的父母。所以你首先要确保孩子们喜欢这些糖果，也要考虑确保父母认为给他们的孩子买糖果是可以的。同时，你得考虑销售渠道合作伙伴，他们要愿意把你的糖果放到商店的货架上。在这个例子中，我们分析了三组重要的利益相关方。如果你还想有一些独特元素，比如独特的糖果供应渠道，那么你就还需要增加关键的供应商。

如果你谈论的是药物的早期开发，比如治疗某种疾病的疫苗，那一定需要考虑得更加细致。我们要考虑终端用户，考虑消费者能付多少钱，我们能提供什么，我们如何比别人做得更好。我们还要考虑买家，比如保险公司、基金会和防疫机构等。另外，还有销售渠道合作伙伴，因为我们的疫苗或抗病毒的药物必须以某种方式到达终端客户。还要考虑政府，因为我们必须获得它们的批准。我们还必须考虑那些有耐心的特殊类型的投资者，争取让他们可以给我们数百万美元用于药物试验，并能在 7 年后得到结果。

所以总结起来，在价值主张这个模块中，我们讨论关键的利益相关者和给每个人的价值主张，然后我们将会去验证它。我们会去和这些人交谈，观察并验证我们提供给他们的产品或服务是否有意义。如果你错过了一个关键的利益相关者，这个利益相关者可能就会阻碍你整个商业模式的进行，你的整个创新也将见不到曙光。

商业模式设计应该有可以操演的工具。因此，我们设计了表 2–1。它可以帮助我们对利益相关者进行分析，并将其价值主张形式化。我们曾经组织过一次关于公司生存时间以及影响公司寿命因素的讨论，并和参会企业中的不同利益相关者（比如股东、客户、供应商、投资人、渠道合作商、雇员、社会群体等）进行了深入的交流，了解他们的主要问题、利益关切，并利用上述表格进行了记录，以期对未来的商业模式发展进行验证。

表 2–1 利益相关方的价值主张

利益相关方	需解决的问题	解决方案	与竞争对手 / 替代品的区别
1. 相关方 1			
2. 相关方 2			
3.……			

在这个表格中，首先你需要列出你脑海中显现的所有利益相关者，通常会有 5 ~ 7 个主要的利益相关者。然后，你将填写你的价值主张，也就是你为他们解决的问题是什么。你需要有一个对你的解决方案的解释，以及关于这个方案的特别之处的解释。针对你的关键客户这一栏，这些内容必须非常具体。但对于其他利益相关者，你只需要有如何为他们创造价值的一般想法就够了。比如，你在生产电子设备，并打算在沃尔玛销售，那么你必须讨论你的主要客户，以及买方和终端用户。你必须讨论你要解决的问题是什么、你的不同之处、你的解决方案的优点是什么。而接下来，你的第二个关键利益相关者将是沃尔玛。或许你不必为沃尔玛解决独特的问题，提供无法取代的价值，但

你要找出沃尔玛与供应商合作的标准条款和条件是什么，然后你要尽力成为这个供应商。

如果你需要一种图形化的方法来展示你和其他人的不同，你还可以使用价值画布。

价值画布是一种图形化的方式，用来显示你的主张的关键价值维度是什么，以及你如何在这些价值维度上胜过竞争对手。通常，这与投资者的特性非常相关。你必须清楚地展示你的产品与替代品和竞品的不同之处。图 2–4 是卡尔加里大学 MBA 课程的价值画布的案例。卡尔加里大学 MBA 课程的教学目的是帮助油气行业学员进行职业提升和发展。利用价值画布，我们从价格、与商业的联系、教育质量、教学效果、城市满意度、职业匹配度以及便利性等价值维度上将此课程与其他竞争学校的课程做了对比，除了价格维度上面的劣势，卡尔加里大学 MBA 课程在其他价值维度上的竞争优势一目了然。

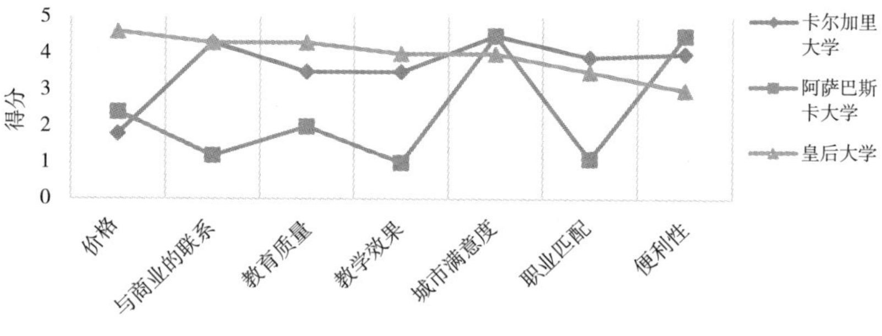

图 2–4　三所大学 MBA 课程的价值画布：解决方案与差异化

接下来，最后一点——去解决一个问题。最终，如果你的商业模式是以解决问题为中心，而不是为了去满足某些理想和激情，那么你成功的概率更高。也就是说，你要帮助所有利益相关方解决他们的问题。

模块三：活动系统设计

现在，我们来讨论模块三：活动系统设计。

所有的细节、过程、技术、活动，必须在组织内建立好，以作为商业模式的一部分。我们先简单说明活动系统设计的四个关键部分。

活动系统的第一个关键部分是收入模式，它显示的是你将以何种方式向你的客户收费，以及收费多少，等等。

第二个部分是研发模式。研发考虑的是如何开发产品和服务。有的情况下，在开始阶段，研发活动的重要性没有那么显著。比如，如果你想要做成熟的石油管道运输生意，那么你在起步阶段就不太需要谈论研发模式，因为你可能不会做太多的研发。不过，如果你想把石油管道运输业务和各方面的顾客联系起来，那么这个联系平台的开发和改进可以是研发模式中的内容。

第三个部分是生产模式，也就是公司的日常活动是什么，比如关于生产制造及物流服务等方面的内容。

第四个部分是进入市场的模式。这一部分关键是要回答你将如何准确地接触到你的目标客户。这里可以解释为什么我们看到很多由工程师创建的企业最后都失败了。因为他们理所当然地认为，只要你开发了这项技术，客户就会自发地上门。实际上，虽然你在网站上描述了你的技术，但如果你的网站没有流量，没有被推送到有需求的客户面前，你的产品依旧无法实现销售。所以说，进入市场的模式，就是来回答这个问题：你到底要如何接触和获取到你的客户？

现在让我们逐一讨论一下这个模块中每个部分需要思考哪些问题。

首先，收入模式。我们需要讨论将会获得的所有收入来源 / 收入流。如果你预期有多样的收入流，可以借助于表 2–2 这样的一张表格来进行记录，并将之系统化。

表 2–2　收入模式

收入流	类型	频率	定价策略
1	资产出售 / 使用费 / 认购费 / 租赁费 / 许可费 / 经纪费 / 广告费		
2			
3			

收入流类型可以有很多种，我们的公司也可以根据具体的经营情况收取不同类型的收入：

（1）资产出售，这意味着你在卖有形资产，并从中获利。

（2）使用费，它的好处是，客户使用你的服务越多，他们要付的钱就越多。就像花钱请律师，以小时为单位付钱。

（3）认购费，或者说订阅费。它是指客户需要定期每周、每月或每年支付一次，付费后客户使用服务不受限制。

（4）租赁费。它是资产出售的替代性收入流，也就是用出租代替出售，收取费用。

（5）许可费。它指的是，你通常不一定要自己来生产某样东西并将其投放市场，而是让你的合作伙伴为你生产和销售产品，最后你只获取版税和许可费。

（6）经纪费。它是通过帮助买家和卖家进行交易收取费用。

（7）广告费。这个安排是，客户可以免费从你那里得到一些东西，但是他们看到广告，就可以为你带来广告收入。

以上这些都是收入流的基本类型。当然你也可以考虑其他的类型，不过这里基本上已经涵盖了 99% 的类型了。这里的频率和定价策略两栏可以在进行财务预测时帮助到你。它们的意思是客户平均多久会给你付钱，以及你会收多少钱，是否有不同的价格，你是否对服务的质量或类型进行了区分。所有这些都是关于定价策略的。通常情况下，如果你想制定任何类型的预算或财务预测的话，填写表 2–2 是非常有意义的。在后面的案例部分，我们将具体阐述派乐滕和赛富时针对不同的产品或服务内容为顾客提供的不同的订阅费标准选择。

我们现在来看研发模式。

研发模式关注的问题是你如何开发你的产品或服务。如果说你要进行一些开发，那么关键问题是，你应该自己开发还是从别人那里购买。如果你创办了一家公司，希望销售软件，或者是某种连接司机和乘客的“扬招”平台，那么你面临的问题是，你是应该自己开发这个复杂的项目还是外包。

这个答案的关键并不是看你是否有所需的能力来开发。因为即使你没有能力开发，你也可以马上找到一个有能力和信心的首席技术官。关键问题实际上是，这项特定的技术是否将成为你的竞争优势，或者将会巩固你的竞争优势（见表 2–3）。所有将成为你竞争优势的部分都必须在公司内部完成，这样你才能完全控制这个竞争优势的来源。而所有不属于你竞争优势的技术都可以外包。

表 2–3　研发模式

研发项目	预期收入	战略重要性	内部 / 外包，及理由
1		（对创造和维持竞争优势至关重要吗？）	
2			
3			

举个例子，某大学的商学院需要有一个网站。那么：学院内部需要拥有网站开发人员吗？还是说学院应该找其他人来开发网站？这个时候，学院应该思考的是网站是否会成为竞争优势的来源。最可能的答案是并不会。那么，在这种情况下，学院完全可以将其外包，让别人来完成。但是，如果这个网站有一些复杂的技术解决方案可以形成商学院的竞争优势，那么学院可能就得建立内部能力，做这个网站了。

所以，当你设计商业模式时，这些问题的解决对于把握你的启动成本是至关重要的。你必须列出所有重要的研发项目——比如，网站开发、后台开发、前端开发（也就是客户能看到预期结果的前端应用），并思考这些项目有什么样的预期结果。你要看看这些项目对于形成战略优势是否重要，如果不重要的话，就都可以外包。但所有对你的竞争优势至关重要的东西都必须保留在公司内部，否则你的公司就会成为其他人的“人质”，你的竞争优势会属于别人。这倒不是说其他公司会试图利用你和完全模仿你，更经常发生的情况是，第三方开发者可能会得到一些大的订单，然后他们会重新确定他们自己的活动优先级。

在那个时候，当你需要修复产品中的一个主要错误时，他们会把时间花在别的事情上，或者直接不做你的产品了。这种情况下，你曾经所有的竞争优势会因为第三方开发者的产品优先级调整而失去。

另外在研发模式中，我们还需要谈一谈知识产权保护。专利不一定会在所有情况下起作用，但是，它们仍然在一定程度上显示了产品的品质。关于知识产权，需要讨论的是如何通过专利来保护我们的知识产权，包括商标、发明、外观、工业设计、版权等（见图 2–5）。如果你的投资者问你是否打算申请专利，那么你必须提前想好这个问题。知识产权保护是很大的话题，值得单独详细讨论，在此不进行详细叙述。

知识产权保护

工业产权：

- 专利
- 商标
- 商业秘密
- 工业设计

版权

图 2–5　研发模式：知识产权

第三是生产模式。生产模式是指在组织中发生的日常活动，包括制造、物流、供应链管理等。

在思考生产模式时，你需要考虑这些问题：这些活动应该在内部执行还是应该外包？你应该自己制造，还是让别人帮你做？你应该自己去做客户服务，还是外包出去让别人帮你做？

这些问题的思考过程和结论，和我们刚才讨论过的研发模式一样，也就是说，如果某一特定过程将成为竞争优势的来源，那么这一过程必须在内部进行，你不能指望别人替你做这件事。而如果这一特定过程并不是你的部分竞争优势，那就可以把它外包出去。比如，如果会计不太能成为竞争优势的来源，那让其他公司替你记账，不要在上面花时间。但是如果客户服务将成为你竞争优势的来源，比如你是一家大银行，想要在与客户的紧密关系上获得竞争优势，那么把你的呼叫中心外包给海外的第三方不是个好主意。你最好把它放在内部，即使这需要付出更多成本。

所以说，表 2–4 基本上概括了你需要建立的最重要的流程内容，以及它们的成本有多高，然后你可以根据最终的答案来决定是内部完成还是外包。

表 2–4　生产模式

主要流程	成本（占年收入的百分比）	战略重要性	内部 / 外包及理由
1		（对创造和维持竞争优势至关重要吗？）	
2			
3			

最后一部分是进入市场模式。

进入市场模式涉及以下问题：你将如何准确地接触到你的客户，以及需要多少成本；这里，你必须考虑用什么渠道来接触客户（见图 2–6）。

联系客户的渠道：

销售队伍（自有/外包），网站，商店（自有/外部），经销商，批发商……

客户获取的经济学（针对每个收入流！）：

客户生命周期价值（CLV）

客户获取成本（CCA）

CLV > CCA 规则

图 2-6　进入市场模式

设计进入市场模式，从自问自答下面的问题开始：

你会使用销售团队，让销售人员挨家挨户地推销你的产品或业务吗？还是你需要依靠别的公司或团队来进行推广？如果你想通过网络销售，怎样才能产生流量呢？你如何在你的网站上创造客户？你会在常见的社交媒体上购买广告投放吗？你会通过线下商店来完成业务吗？如果会的话，是在自己的商店完成，还是外部商店？你是否需要和经销商或批发商合作？

通常你会有多渠道销售战略，但“进入市场战略”关心的是你如何去接触你的客户。除此之外，你还需要知道客户获取成本。现在，让我们详细了解一下客户获取经济学。

让我们先从“客户生命周期价值”（customer lifetime value，CLV）的概念说起。它指的是在你与客户的整个关系中，客户能为你创造多少收入。如果你只是卖给客户一些有形的产品，客户最多只能为你做简单的宣传，之后就再也不会回来了；如果你销售服务，而客户打算与你合作5年，那你也许就能在一个相对较长的时间段内持续得到收入。无论是哪个收入流，哪个销售渠道，你都必须了解什么是客户生命周期价值。在这里需要强调的是，这里说的是收入，不是利润。简而言之，客户生命周期价值是用每个客户与你合作的生命周期中你得到的平均收入来衡量的。这里的平均收入考虑了客户完整的生命周期，既包括成功的客户获取，也包括已有的客户流失。

现在来看看客户获取成本（customer acquisition cost，CAC），也就是你获得客户的平均成本、你支付的佣金是多少。比如，你投资了1000美元在脸书上做了有针对性的广告投放，之后你得到了100个客户。在这种情况下，获得客户的成本是每个客户10美元。再比如，你依靠自己的销售团队，每个销售人员每月为你带来10个客户，而你付给这些销售人员1万美元，这意味着你获得客户的成本是1000美元。

不同渠道的CLV与CAC的比较，是当前互联网公司决定选择何种渠道进行营销的重要指标。CLV>CAC的规则意味着，在给定被选择的渠道下，基于客户生命周期价值的总收入最终需要超过客户获取的总成本。但是这并不意味着，每时每刻CLV总是会大于CAC。

通常情况下，一开始我们必须培养我们的客户，并且需要投入大量的成本进行市场营销。因此，我们获得客户的初始成本会超过客户这一阶段生命周期的价值。但随着时间的推移，我们广告的针对性越来越好，客户获取的成本也会相应降低，因为我们不再需要花费更多的钱去向客户解释我们是如何帮助他们解决问题的。因此，在某一时刻，获取客户的成本或许会低于客户生命周期的价值。

当然，你可能会提出这样的质疑：CLV 是基于收入的，但我们还有服务客户的成本，也许我们仍然是在赔钱的。这样理解是对的，但是，客户获取的经济学只关心从客户获取的收入是否超过获取客户的成本，而最终的结果是赚钱还是赔钱则是另一回事，这涉及后期的企业经营管理、产品生产或服务提供的成本控制等方面的内容了。

以上就是关于模块三活动系统设计的内容。

模块四：商业模式所需资源

最后，我们来讨论一下模块四：商业模式所需资源。

计划必要资源，从自问自答下面的问题开始：

为了让你的商业模式开始运作，你需要开发或获取哪些资源？（见图 2–7）这将成为你启动成本的关键部分。这里我们讲一下投资资本。你需要多少人力资本？需要哪些类型的员工？假如需要某些特殊类型的员工，比如一些非常罕见的工程师或科学家，你必须制订精确的计划来获得他们。你需要和供应商建立什么样的合作关系？需要和销售渠道合作伙伴建立什么样的合作关系？你需要什么有形资产和无形资产？你需要生产设备吗？最后，为了让你的商业模式开始运作，你需要哪些能力？学习哪些东西？你有必要认真填写表 2–5，因为之后当你向潜在的投资者解释你为什么需要他们投资 1000 万美元的时候，这张表格会非常有用。

必要资源

投资资本
人力资本
伙伴关系
有形和无形资产（实体、IT 系统、软件）
能力（专门知识、诀窍、技术）

图 2-7　必要资源

这些都是我们开始时需要的启动成本和时间。强调一下，商业模式所需资源部分不仅决定启动成本，还决定启动时间。

表 2-5　商业模式的资源结构

资源 / 能力	开发 / 获取 / 维持的时间和成本	发展 / 获取 / 维持的计划
1		
2		
……		

现在让我们回到我们讨论的中心主题：商业模式。

为了分析和尝试设计商业模式，我们必须讨论、思考这四个基本维度：产业、利益相关者及价值主张、活动系统设计、所需资源。一旦你思考清楚了这四个维度，有了好的想法，并通过商业模式来实现，那么你就覆盖了企业所有的基本商业内容。

本书中提供的这个商业模式画布和框架是一个很好的思考工具，可以确保你不会忘记商业模式的重要部分。

案例

“赢家”：拼多多

商业模式精要

1. 拼多多赢在商业模式创新。它把社交媒体的力量带入互联网平台，形成销售的驱动力量。

2. 拼多多的产业区间定位精准。它把长期以来隐藏在“中产消费”现象背后的“群众消费”推到电商面前。

3. 拼多多早期活动系统设计有争议。不过，因为有大量产能过剩的制造业模仿者，早期的产品模仿秀在争议中完成它的战略使命：让拼多多成为行业认可的电商平台。

4. 不求完美，只求持续进步，这是拼多多商业模式转型的过程特征。

5. 商业模式的创新来自对所处市场环境深刻的洞察和持续的验证。拼多多创始人的洞察力也体现在以上四个方面。

6. 拼多多快速上市。创始人快速套现离场。它给商业模式转型带来另外一个伦理命题。资本市场的根本目的是聚集社会资源，促进企业成长，让社会投资者在负担风险的同时，共同分享成长的红利。一个仍然处于争议中的商业模式，还在完善过程中，创始人就套现离场，这让它变成一个异化版本的饕餮模式。

7. 怎样动态、辩证、长期理解商业模式的转型？拼多多给我们带来更多新问题和新思考。

案例概要

只用不到5年的时间，拼多多就跻身中国三大电商平台，从利用补贴而长期亏损的施主象限成功过渡到赢家象限。尤其是，拼多多将社交模式引入电子商务领域，为行业带来了巨大的商业模式创新。

拼多多，利用中国互联网下沉的时代机遇，将目标市场瞄准所谓的“北京五环外”这样的四五线经济地区乃至农村消费者，通过为客户提供极低价的购物消费，重新设计电子商务的渠道和促销模式，改造现有电商活动系统，调整与平台的伙伴关系，拼多多的商业模式创新过程完整地体现了我们第二章关于商业模式系统分析框架四个模块的阐述（回顾图2-3）。

在新冠肺炎疫情肆虐下的2020年第三季度，拼多多迎来了它成立以来的首个财务盈利季度。根据拼多多第三季度财务报告，拼多多季度营业收入142亿元，相比于去年同比增长89%，净利润方面，2020年第三季度盈利7.847亿元。

而就平台商城最为看重的GMV（gross merchandise volume，成交总额）以及年活跃买家人数方面，拼多多也迎来了爆发式的增长。截至2020年9月30日，拼多多GMV在一年中的同比增长速度为73%，达到了14576亿元，而年活跃买家达到7.313亿，同比去年增长36%。在单客的年消费额方面，平均达到了 1993.1 元，较上一季度增长 27%。

不仅公司本身实现了规模增长和盈利，而且消费者也越来越认同拼多多。早期拼多多利用巨大的补贴效应，在生鲜水果等农产品领域用超低价优惠吸引巨量规模消费者的加入，通过平台上巨量买家反过来吸引商户卖家，快速形成平台网络效应。

我们认为，拼多多当前的商业模式阶段已经成功地由施主象限转换到赢家象限。

创立于 2015 年 9 月的拼多多，是电商行业的创新代表，也是国内电商行业的破局者。以淘宝、京东为首的电商平台占据了国内电商市场份额的绝对比重，并始终牢牢把控着市场优势地位。在这样的背景下，拼多多凭借自身商业模式的创新，短短 3 年内一跃成为电商界的“黑马”，日均活跃用户仅次于淘宝，位列中国第二，打破了行业双寡头格局。根据最新财报，截至 2020 年 9 月 30 日，拼多多年活跃买家人数为 7.313 亿，而中国最大的电商平台淘宝系活跃买家为 7.57 亿，规模方面二者仅一步之遥，拼多多成为过去 10 年，中国乃至世界上增长最快的电商公司。

拼多多利用病毒式的社交营销模式，短短 3 年间将活跃买家数量做到 3 亿人的规模，且仅仅花费 89 亿元，而京东达到这样的规模，耗时 14 年，费用超过 400 亿元。

成立 3 年后，2018 年 9 月拼多多在美国上市。短短两年时间内，拼多多股价增长超过 8 倍（见图 2–8）。

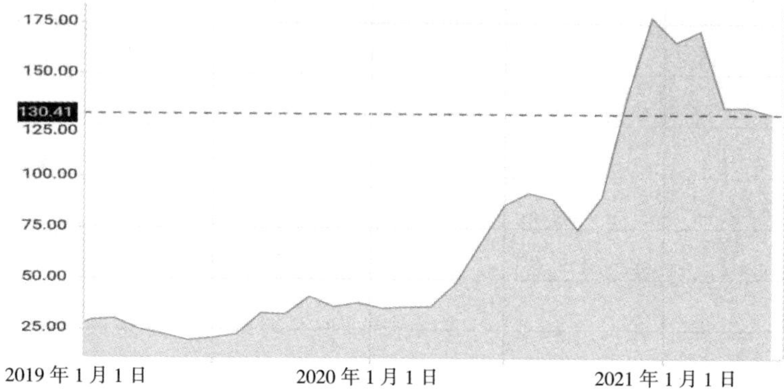

图 2-8　拼多多股价走势

资料来源：综合整理自网站 https://cn.investing.com/equities/pin-duoduo?

拼多多的目标市场

从商业模式的本质来看，同淘宝、京东等电商销售平台一样，拼多多仍然属于平台商业模式的范畴，平台两侧有着显著的跨边网络效应。

拼多多平台的一侧是商家，另一侧是普通消费者（见图 2-9）。

图 2-9　拼多多的平台模式

拼多多成立初期，国内的淘宝、京东等电商平台已经打造了自己在电商领域的垄断优势地位，两家平台几乎占据了电商领域 90% 以上的流量份额。根据媒体公开报道，这些电商平台为维护自己的垄断地位，强迫平台商户“二选一”，放弃其他电商平台。

在此背景下，拼多多以水果、生鲜等农产品和工厂代工 OEM（original equipment manufacturing，原厂委托制造）产品为出发点，将目标市场定位于对品牌不敏感而对价格又相当敏感的四五线城市和农村地区的消费者，通过病毒式的社交营销模式，依靠超低价的拼单购物迅速吸引了大量的用户。至 2020 年 9 月，活跃用户人数超过 7.3 亿。

根据东吴证券研究所、Questmobile 的研究数据，拼多多在四线及以下城市的用户占比为 43.2%，其中女性占比超过 60%，而淘宝和京东四线及以下城市的用户占比分别只有 34.7% 和 28.2%。因此，有媒体戏称，拼多多的目标客户是北京五环外的消费者。

随着用户规模的不断裂变、增长，借助于零佣金零费用政策，越来越多的商户开始入驻拼多多平台。

拼多多的价值主张

不同于其他传统电商，拼多多的商业模式创新首先体现在价值主张方面。如果说传统电商的价值主张在于提供更方便、快捷的购物体验，那么主打“社交电商”购物拼单模式的拼多多，则主张利用拼购模式为用户提供更为低价的购物体验，以及借助于社交模式在购物中和朋友一起交流分享，通过相互砍价获得购物的乐趣。正如拼多多CEO所述，拼多多的使命是:“多实惠多乐趣，让消费者买到更多更实惠的东西，然后在这个过程中更快乐。”

拼多多平台上面的水果、生鲜产品价格甚至可以低到实体水果生鲜门店的五分之一。而服装类的价格更是低到成本线上，大量的简单类型服装甚至只需要几块钱。而游戏社交式的购物模式吸引了大量的潜在使用者。

利用这样的超低价“折扣商业模式”，拼多多首先迎合了大量农村地区，以及四五线城市的消费人群。

拼多多的活动系统设计

要保证为消费者提供低价、有乐趣、社交属性的购物体验，拼多多重新改造了电商平台的活动系统。生产模式方面，拼多多在成立之初，直接对接农场地头和工厂门店，利用团购的形式，帮助消费者一次性大量地向农场和工厂进行商品的集中采购，这种模式极大地降低了中间成本。

此外，在渠道和促销方面，拼多多打造了社交购物模式，拼多多的拼单是同时支持陌生人拼单和好友拼单的。为了尽可能以低价买到商品，用户可以直接在App购买界面参与陌生人的拼单，也可以将这一订单分享到朋友圈，与好友一起拼单购买。拼单相对于单独购买，通常会有8折不等的优惠。此外，为进一步吸引新老用户的不断参与，拼多多会拿出一些产品，免费赠予用户，但是用户要想免费得到这一产品，必须邀请朋友不断参与游戏活动进行“砍价”，直到拼多多设定的流量任务完成，用户才能免费获取这一商品。这一社交模式，不仅持续吸引了新用户的不断加入，而且增加了购物的游戏乐趣。

拼多多的核心资源

平台商业模式下的拼多多最为核心的资源就是平台上的消费者与商家，为了在当前的电子商务寡头垄断的竞争格局中赢得一席之地，快速争取商户的加入，拼多多调整了与商户的传统伙伴关系。

传统电商模式下，商户要想在平台的显著位置获得流量，必须花费大量的广告费用，此外每年还需要缴纳数千元的平台服务费，每笔交易也要给平台交纳2%左右的交易费。

而根据公开新闻报道，不同于传统电商平台，目前拼多多对于平台商户施行的是零佣金和零平台服务年费政策，拼多多的主要收入来源包括市场营销费用以及交易服务费。市场营销费用主要指的是拼多多为商户提供首页排名流量以及组织市场营销活动的费用。根据相关规则，商户只有参与首页营销活动，并且有了流量点击才会支付费用，没有流量点击、不参与首页促销活动则无须支付费用。而交易服务费，是按照交易额的一定百分比向商户收取，目前是0.6%，主要是微信收取。

总结来说，拼多多商业模式的创新，主要体现在如表2-6所示的以下几个方面。

表2-6　拼多多商业模式的创新

区别点	拼多多	其他传统电商平台
价值主张	社交 + 低价 + 有趣好玩	便捷 + 高品质 + 高性价比
市场定位	更注重三四线、城郊甚至农村消费者，利用低价吸引用户	消费升级，更多的是重点城市用户，重点引进品牌商户
渠道通路	社交式的团购拼单，为了尽可能地低价购买到商品，用户需要社交朋友圈的共同参与	广告、品牌影响力以及市场的垄断
关键流程	与工厂、农场等直接挂钩，通过团购模式重塑销售流程，降低成本	吸引优质品牌商户加入，提供平台营销服务，由商户与消费者直接对接
盈利模式	技术服务费 + 营销管理费	公共流量分配 + 年费 + 交易提成 + 平台使用费

与传统电商相比，拼多多最为重要的创新之处在于社交性质的拼购模式。

拼多多的诞生和快速发展，不断吸引了四五线城市及农村地区用户的加入，通过直接对接工厂和农村地头，用户能够以最低的价格购买到优惠的商品，而社交式的拼团模式极大地增加了用户的购物乐趣和体验。

拼多多的价值交付和获取

不同于传统电商的平台服务费，拼多多目前没有收取交易佣金和平台服务年费，其价值交付和获取主要是通过在线市场营销服务，但是这一服务主要是按照实际的点击量进行收费，商户如果没有获得任何点击则无须缴纳任何费用。图2-10是2019年拼多多收入来源构成。

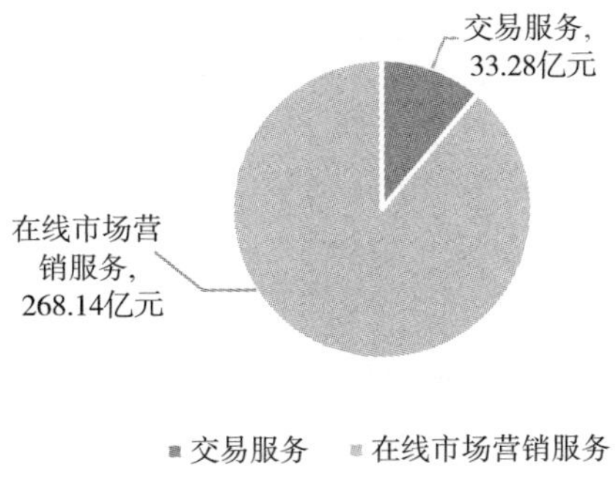

图 2-10　2019 年拼多多收入来源构成

数据来源：拼多多公开财务报表。

当然，为保证店铺的安全性，拼多多还会根据不同的商品和店铺类型收取数千元的保证金，该保证金会在店铺退出的时候返还给商户。

2020年第三季度拼多多的盈利，也说明了拼多多模式的商业价值。

因此，这一部分，我们将其作为赢家商业模式的代表，阐述拼多多的商业模式创新逻辑框架。

拼多多赢家模式的另一面

在寡头格局下的电商行业，要想突破限制，必须尽快增加用户规模。然而有网友投诉，经常收到来自拼多多“1元抢××”“9.9元购电动汽车”的广告，然后被诱导下载App，但是无论如何也找不到这样的优惠。还有网友表示，拼多多发送短信称其“被抽中iPhone X手机0元幸运得”，然而点开链接后却是App的下载地址，当然下载后还是找不到活动地址。拼多多客服表示，短信只是推文活动，是在邀请用户参与。

此外，为了吸引更多潜在用户的加入，拼多多还发起了“天天领现金”活动，只要用户每天登录拼多多App参与这个活动，并在规定时间内邀请朋友点击链接，一起助力（尤其是从没有注册过拼多多的用户，助力能量最大），那么用户达到助力目标后，就能领到100块钱，甚至200块钱的现金红包，并能够直接进行提现。这样的活动设计自然吸引了大量的用户每天登录App参与进来，而这些用户又带来了众多新的用户。

但是根据消费者网报道，有消费者声称，这一活动目标几乎无法实现，要领取现金，必须达到满额目标，尽管活动前期助力十分容易，比如一个新的用户点击能够助力 50 元，第二个用户可能就是 40 元，之后逐渐递减，但是“最后到 0.02 元时邀请多少人也不动了”，在这种“吞刀”式的活动设计下，老用户为拼多多 App 引入了众多新用户，贡献了巨大的流量，然而总是因为最后一两分钱而超时，不能成功提现。

还有用户在网络上反映，拼多多宣传在“多多买菜”上新用户第一次使用可以全额返还 10 元，然而等到客户下单之后，得到的只是两张满 20 减 5 元的折扣券，而并不是我们常规理解的下单直接返 10 元现金。

这些吸引客户下载使用拼多多 App 的手段，引起了广大网友的反感，根据黑猫投诉平台的信息，针对拼多多诱导式营销的投诉量直线式增加。

为消费者提供最低价是拼多多重要价值主张。为吸引消费者，在拼多多的首页，“限时秒杀”“9 块 9 特卖”等促销活动轮番轰炸，并且还包邮。一位拼多多商家曾经向媒体透露，“以 9 块 9 特卖活动为例，商品 3 公斤内，除偏远省区，其他省区都要包邮。邮政快递每单价格在 3.6~4.5 元，韵达快递每单要 4.5 元”，这样的成本，商家要想盈利，必然会以次充好。

2018 年 7 月 28 日，拼多多刚上市不久，各大主流媒体纷纷报道拼多多平台上有小米视界、三星视听、创维云视听等假冒产品。7 月 29 日知名童话作家郑渊洁公开在微博上举报拼多多，要求其立即停止售卖盗版书。

在最低价要求下，拼多多的售假行为伴随着其上市前后的整个过程。

在拼多多平台的售后评论上，大多是“就这个价格，质量是真的差”“裤子太小了，质量太差了，不过这么便宜包邮就懒得退了”等等。

拼多多会沦为“饕餮”吗？

2021 年 3 月 17 日拼多多发布了全年财报，全年营业收入规模达到 594.919 亿元，同比增长 97%，而全年活跃买家数量达到 7.884 亿。从用户规模上来说，拼多多已然超过淘宝，成为中国规模最大的电商平台。

同一时间，拼多多创始人黄峥发布了致股东的公开信，宣布辞去董事长职位。早在 2020 年 7 月的时候，黄峥就已经辞去了公司 CEO 职位。根据公开信，黄峥将不再担任拼多多的管理职位，同时也放弃了其超级投票权。黄峥表示，未来将把自己的精力主要放在食品科学和生命科学领域，“成不了科学家，但也许有机会成为未来（伟大）的科学家的助理，那也是一件很幸福的事儿”。

尽管拼多多已然成为中国最大的电商平台，但是仍然面临着重要的转型挑战难题，根据 2020 年财报数据，全年归属于普通股股东的利润为 −71.797 亿元，2019 年为 −69.676

亿元，公司还没有完全实现盈利。此外，拼多多在业务发展方面，还面临着如何依靠社区团购回归一线城市的任务。某社区团购服务“多多买菜”初现雏形，还未占据很大的市场份额。在管理方面，互联网公司的“996”工作时长制度备受争议。

而当前环境下，电商平台经济也正经历着重要的变革时刻，现阶段暴露出越来越多的问题，比如大数据杀熟、平台垄断、资本的无序扩张以及用户数据隐私的侵犯等。2021年12月11日，中央经济工作会议明确提出要防止资本的无序扩张。

有关媒体分析，此刻拼多多正需要鼓足干劲，应对内外部的环境危机和监管危机，进行企业转型。然而黄峥却选择在此时离任，尽管其在公开信中明确保证，其个人名下现有的股票份额在未来3年内将会继续锁定，绝不出售。但是股票市场仍然给其辞任以负面的反馈，2021年3月17日当天拼多多股价大幅下跌7.1%，第二天依然连续下跌5.11%。

其实早在2020年7月黄峥宣布辞去拼多多CEO的时候，其就已经减持了13.9%的拼多多股份，其所减持股份的价值达到惊人的1000亿元。当然其中有部分（大约7.74%的股份数额）被黄峥交给拼多多合伙人集体，用于建立和完善拼多多的合伙人制度，此外还有部分捐赠给慈善机构。最终，黄峥在拼多多的股份数额由2020年4月份的43.3%下降到了29.4%。根据媒体报道，除去上述合伙人激励股份以及慈善机构的捐赠，黄峥实际减持的数额大约为1.8亿股，总价值大约在38亿美元。

商业模式是社会中人的活动和形态。因此，商业模式中隐含社会学特征。任何一个社会，发动群众，组织群众，引导群众的行动意愿，都属于最能体现领导天赋的范畴。三大电商互联网的创始人都表现出这样的天赋。以拼多多创始人为例，他善于利用互联网的信息经济学、正外在性和网络效应等新规律，把互联网平台的游戏颠倒过来。套用创始人曾经的讲话：把过去服务资本的新经济规律颠倒过来为群众消费者服务。以此建立新模式，这是智慧。但是，在富有争议的商业模式完善过程中，创业者利用资本市场规则，快速套现，全身而退，这只是聪明。如果聪明人发明的商业模式只能自己“玩”一次，那么他们不是对群众消费者负责的领导者。饕餮模式只能维持很短一段时间，然后便将陷入败将模式。拼多多会怎样转型？值得继续关注。

泡泡玛特：盲盒模式

商业模式精要

1. 盲盒产品典型反映了商业模式的价值创造机制中，四个要素之间的关系（回顾图2-1）。

2. 在提升和营造消费者的支付意愿方面，泡泡玛特非常成功。

3. 盲盒的设计者和经营者也精准地把价值定位落在消费者心理感受和主观意愿方面。

4. 更值得一提的是公司在价值交付方面的商业设计。它不仅有线下和线上，还有粉丝自组织的社交媒体和网上社区。

5. 公司一开始就在价值获取上建立优势。受知识产权保护的 IP 设计成为公司获取价值的杠杆。

6. 值得观察的是，公司未来如何维护消费者的支付意愿。

7. 盲盒模式也有潜在的商业模式的陷阱。如果公司不能维持消费者支付意愿，如果公司过分套现 IP 价值，它可能从“赢家”转变为“饕餮”，然后驶向败将象限。

案例背景

2020 年 12 月 11 日，泡泡玛特在香港公开发行上市，号称是国内盲盒第一股，上市当天公司股票涨幅超过 110%。

泡泡玛特是一家覆盖潮流玩具全产业链，为潮流玩具粉丝带来欢乐和激情的企业。根据泡泡玛特的招股书，2014 年泡泡玛特的销售额还只有 0.17 亿元，而到了 2019 年已经达到了 16.83 亿元，净利润由亏损 0.28 亿元，到盈利 4.51 亿元，净利润率为 26.8%（见图 2-11）。泡泡玛特的快速增长，激发了市场对盲盒模式的巨大热情。

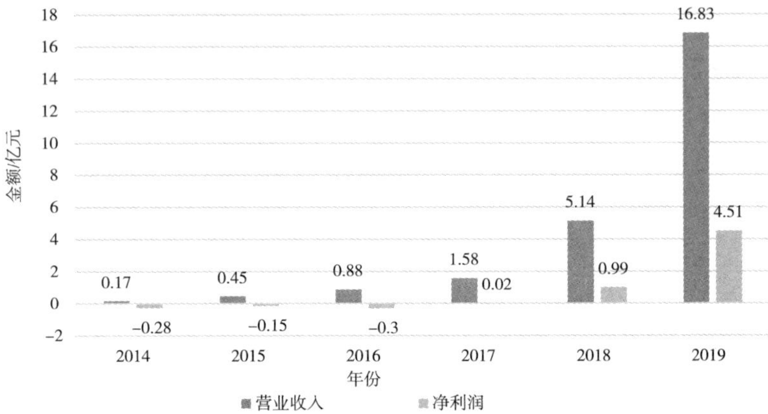

图 2-11　泡泡玛特 2014—2019 年财务数据

数据来源：综合整理自泡泡玛特招股书。

2010 年泡泡玛特刚刚成立的时候，学习的是香港潮玩超市 LOG-ON 的运营模式，主要就是代理销售新奇好玩的玩具。但是由于没有自己的 IP，到 2016 年以前，泡泡玛特销售额始终不能突破 1 亿元，并且连续多年亏损。转折点发生在 2016 年，在泡泡玛特获得了香港设计师王信明设计的 IP 玩偶——Molly 的独家授权之后，凭借冷漠孤傲的卡通形象，该系列产品迅速利用盲盒销售模式引爆全国市场。随后的 2018 年和 2019 年，泡泡玛特围绕 Molly 的设计理念，生产了多款新奇产品。财务数据显示，2017 年泡泡玛特营收 1.58 亿元，利润 0.02 亿元，2018 年销售收入 5.14 亿元，利润 0.99 亿元，2019 年收入 16.83 亿元，利润 4.51 亿元。

本案例将借助于泡泡玛特的盲盒销售模式，阐述其价值创造机制：价值主张和定位以及价值交付和获取模式。

关于盲盒模式，Mob研究院认为，它是潮流玩具销售的一种类型，简单来说就是将玩具、手办等玩偶装在盒子里进行随机销售，购买者在购买之前并不知道具体的内容，直到打开之后。目前在爱好者之间已经形成了一种专门的盲盒文化，他们有着自己的语言交流体系，比如端盒、隐藏款、雷款、热门款等。

盲盒的销售模式，并不新奇，早在19世纪日本明治维新时代，就出现了以福袋为产品的盲盒模式。购买者在打开福袋之前，并不知道福袋里具体的内容。这一模式正式运用到玩具领域，是1977年日本万代公司的扭蛋产品系列。在中国，这种销售模式之前也在一些零食产品的销售中出现过。

Mob研究院估计，到2024年中国盲盒销售的市场规模将超过300亿元，是2020年的3倍。在泡泡玛特的带领下，“盲盒热”当前渗透到了各行各业，比如美食盲盒、彩妆盲盒等，似乎“万物皆可盲盒”。

清华大学心理学系宋少卫教授指出，盲盒模式给普通商品的销售增加了更多的游戏属性，激发了消费者赌博心态，商品购买的易得性和意外性，能够轻易地吸引消费者，并产生上瘾依赖。

“万物皆可盲盒”其实是个伪命题，盲盒模式当然并不适合所有的产品。泡泡玛特盲盒模式之所以成功，是因为其销售产品的奇特性、创造性，通过持续的IP输出，挖掘出了潜在的消费市场需求，并且能够吸引消费者持续地购买。

泡泡玛特的价值主张和定位

泡泡玛特的盲盒模式大获成功的原因在于它通过对潮流玩具的盲盒销售模式为消费者提供了多重价值主张：乐趣、社交、收藏和升值的价值。

盲盒的购买乐趣

盲盒玩法，最大的特点就是盲盒内商品的不确定性。这种不确定性，充分利用了消费者的好奇心、赌徒心理，而100元以内的低价格，又激发了消费者不断地重复购买的欲望。

卢恩瑶研究了盲盒购买者的心理过程："如果拆开盒子，发现里面正是自己所期待抽到的那款玩偶，那么就会最大限度地满足顾客的期待，兴奋程度达到最高点；而如果拆开盒子后，并没有抽到所希望的那款，那么这种失落感便会化为对下一次购买的动力和期待。这种失落是适度和积极的，因为单个产品的价格并不昂贵，且每个玩偶的形象都十分抓人，并不会让顾客在没有抽到心仪款式后感到大失所望，反倒会给予他们不断购买、满足期望的动力。"所以，无论是否抽到了最心仪的那款，要成功集齐一个系列的玩偶，顾客们都会受到赌徒心理影响，持续购买。

这种销售模式所带给消费者的兴奋感和激动感，是泡泡玛特盲盒销售为顾客所提供的最为主要的价值主张之一。

社交价值

泡泡玛特为客户提供的另外一个有着极大吸引力的价值就是社交价值。

盲盒圈层文化在特定消费群体之间的形成与发展，带来了圈层成员之间的价值认同和情感联系的加强。而随着现代城市生活节奏的加快，大城市年轻人情感寄托缺失，外表或呆萌或孤傲的盲盒玩偶正在成为他们新的社交纽带。

新零售商业评论曾经采访过一位95后盲盒玩家，他说："入坑两年多，很多朋友都是换盲盒时认识的，这里没有利益纷争，大家完全基于相同的爱好玩到一起。"

通过在朋友圈晒出新奇的盲盒玩偶，或者是在卧室的盲盒展示柜展示，利用盲盒玩偶的共同爱好吸引志同道合的朋友，这是盲盒玩家最大的乐趣之一。

泡泡玛特的成功之处在于，不仅认识到了消费者对这一社交价值的认可，并且还为此专门打造了一款App——葩趣，来推动这一价值主张的实现。借助于这款社交软件平台，盲盒玩家能够获得真正的同类之间的认同，结识同样爱好的伙伴，分享自己的故事。目前葩趣用户中有将近50%的人每月活跃天数超过20天，可见用户对这一价值认同度极高。

收藏和升值的价值

泡泡玛特为消费者提供的最后一个重要价值就是收藏和升值的价值。

泡泡玛特销售极具设计感的潮流玩具，这些玩偶的购买不仅充满乐趣，可以帮助买家找到“同类”，而且还可以作为收藏品，在二手市场进行交易，实现升值。那么泡泡玛特是如何利用盲盒模式实现潮流玩具的升值的？

答案在于“稀缺性”的打造。

运用盲盒玩法，泡泡玛特会将同一系列不同的玩偶形象装入一模一样的盒子，消费者购买的时候随意抽取。通常，在一箱中只有一个或少量几个“隐藏款”。由于这种隐藏款数量极为稀少，如果运气足够好，那么就相当于一次性获取了数倍的价值增值。此外，这些产品销售了一段时间之后，将会永远下架。根据相关媒体报道，泡泡玛特的潘神圣诞“隐藏款”，在盲盒商店的标价是59元，而如果拿到二手交易网站，比如咸鱼上出售，其价格在2000多元；而Molly胡桃夹子王子“隐藏款”，在盲盒商店标价同样是59元，二手交易网站——咸鱼上也能按照1000多元出售。更资深的一些玩家，甚至愿意花费上万元的价格收购心仪的稀缺“隐藏款”玩偶。

当然还会有个别的“雷款”，也就是二手市场上的价格低于泡泡玛特商店的售价。

根据二手交易市场——咸鱼网站的统计数据，2019年咸鱼上有30万玩家在交易，已经形成了一个千万级的市场。

泡泡玛特的价值定位

根据Mob研究报告，泡泡玛特的主要客户群体就是大城市的年轻女性，其中以企业白领和学生居多，占了全部消费者的78.3%的比重。从地域分布看，泡泡玛特在一线和新一线城市的比重占了48.2%。这一批消费群体，有着较高的收入和受教育水平，尤为注重个性的自我表达，注重内心的情感和诉求，对于治愈性的东西很容易陷入其中。Molly系列玩偶形象，正是这一类情感表达的集中体现。

为了匹配这一客户群体，泡泡玛特同时开设了线上渠道和线下渠道，线下渠道主要位于一二线城市的CBD（中央商务区）。比如其第一家线下门店就开在北京的王府井。泡泡玛特还开发了Dimoo、Pucky等极其可爱的玩偶，甚至与迪士尼进行产品联名开发。

泡泡玛特的价值交付和获取

盲盒玩法是泡泡玛特最为主要的价值交付和获取手段。

根据笔者对泡泡玛特淘宝旗舰店的初步统计，不同于其他潮流玩具动辄上千元的高昂价格，泡泡玛特的玩偶最低售价只有59元，最高也才300元左右，并且59元售价产品占据了其全部所售商品的80%以上。由于定价较低，在盲盒玩法下，消费者为了抽中隐藏款，就会不断地重复购买，反正单次购买的成本不高。即使抽不中隐藏款，每次购买所带来的紧张感和刺激感，也能够给消费者带来极大的心理满足。

并且由于玩偶还能够在二手市场上轻易转出，甚至如果抽中隐藏款还能有几十倍的升值，因此消费者为了抽中特定的隐藏款，在圈层中发明了专门的黑话——“端盒”，也就是一整箱全部一次性买走。

根据有关媒体的调查数据，2020 年购买盲盒全年花费超过 2 万元的客户超过了 20 万人，其中甚至有些人耗费数百万元，就是为了抽中隐藏款。

盲盒模式成功地实现了泡泡玛特的价值交付和获取。

泡泡玛特的核心资源：IP 生产

盲盒只是一种销售模式，盲盒销售的持续性取决于 IP 玩偶能否吸引消费者，给消费者带来情感寄托、圈层社交和升值，也就是 IP 产品本身是否具备价值，并不是“万物皆可盲盒”。泡泡玛特，将 IP 作为公司业务的核心，正是体现了这一点。

如何生产 IP，泡泡玛特创始人王宁说：“IP 生产方面，公司主要通过举行设计赛事、与艺术学院合作开设课程等方式来挖掘优秀艺术家，比如每年举办两次潮流玩具展。除了挖掘自有 IP，公司还尝试和迪士尼、环球等全球 IP 品牌开展合作。”

目前泡泡玛特运营有 85 个 IP，其中自有 IP 数量为 12

个，独家代理 IP 为 22 个，非独家 IP 有 51 个。前四大 IP，包括 Molly、Pucky、The Monsters、Dimoo，占全部营收比重的 58.2%。

此外，根据 Mob 研究院的调查，为推动 IP 作为核心业务的发展，泡泡玛特还打造了一个从上游设计师发掘到中游的 IP 运营，再到下游的盲盒销售、潮玩推广的覆盖全产业链的 IP 潮玩一体化平台。

为此，泡泡玛特主办了北京国际潮玩展、上海国际潮玩展，打造了粉丝在线社区 App——葩趣，未来或许我们还可以看到泡泡玛特的电影和动漫诞生。

当然，盲盒模式也隐藏着诸多危机。

首先就是人为制造的稀缺性。泡泡玛特门店的售货员告诉记者：为了保证当前产品系列的稀缺性，“每个系列的产品都有一定的销售窗口期，也就是随着新产品的上市，老产品会停止生产，并直接退出市场，不再交易出售。消费者只能去二手市场搜寻购买”。此外，隐藏款的稀缺性，也是由人为控制，为了激发消费者的赌徒心理，以 Molly 为例，普通款有 12 个不同的常规造型，一箱 12 盒，隐藏款只有 1 个造型。这种人为制造的稀缺性，可能游走在法律边缘，一旦国家出台相关法律法规，这一套做法就行不通了。

其次就是为了获取隐藏款而带来的不规范行为，比如之前媒体报道的泡泡玛特商店私自拆封商品，寻找隐藏款的行为。

“败将”：蛋壳公寓

商业模式精要

1. 运用我们的商业模式设计四个模块分析框架，从产业定位的角度，蛋壳公寓进入一个富有想象力的市场。从为利益相关者创造价值的角度，似乎客户、房东、政府都乐意看到具有规模效应和协同整合效果的长租管理模式。

2. 问题出在以下几个方面。首先是商业模式的日常系统活动没有开发出来。长租模式有许多可以发挥规模效应和品牌声誉的地方，包括寻找房源、招租、流程管理、租赁体验、社区开发和管理等。它们是整个模式的基石。蛋壳公寓没有形成日常系统活动。这是第一大忌。

3. 第二大忌是把管理力量和资源放在资本运作和金融工具运用方面。这几乎是同一时期平台企业的通病。

4. 为达到资本运作要求的规模，蛋壳公寓抬高房源成本，自毁长租公寓模式的规模经济优势。商业模式设计的四个模块中，产业定位很好，利益相关者价值创造很好，日常系统运营活动被忽视，自毁获取资源应该得到的规模经济效应。这样的商业模式设计没有内在一致性。

5. 也许创始者没有真正想过长期经营长租模式的策略，也许它就是一场资本游戏的演出。令人痛心的是，这些聪明人给长租公寓模式涂抹上洗不掉的污点，毁了一个好商业模式的概念。

案例概要

败将模式指的是既没有为客户带来价值，也没有为公司创造相应的商业价值。2020 年以来不断爆雷的各个长租公寓平台就是这一模式的典型代表，大部分长租公寓平台最终破产倒闭，由“饕餮”进入“败将”，如图 2-12 所示。

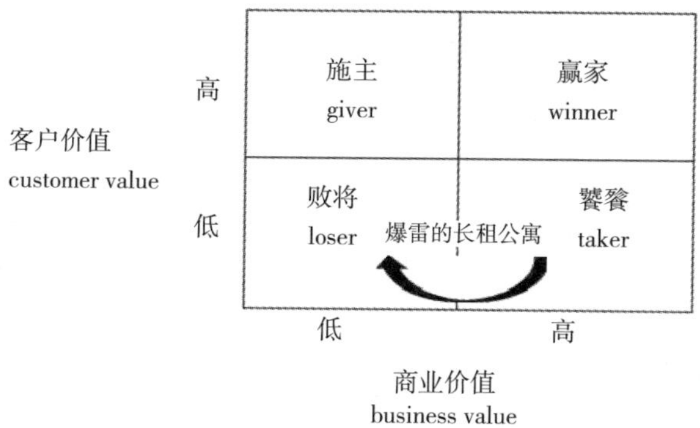

图 2-12　长租公寓平台由饕餮象限进入败将象限

为解决大城市住房难题，2015 年国家大力支持住房租赁市场的发展，2016 年 6 月，国务院出台了《关于加快培育和发展住房租赁市场的若干意见》，8 月，自然资源部、住建部发布了利用集体建设用地建设租赁住房试点方案，2017 年 12 月，中央经济工作会议提出加快建立多主体供应、多渠道保障、租购并举的住房制度。

正是在此背景下，各种市场资本开始进入长租公寓市场。初期的长租公寓平台通过规范的管理、高品质的室内装修、稳定的租赁关系，为租客提供了优良的租房体验，同时也为房东带来了稳定的租金收入，其自身也获取了租金的中间差价以及服务费和管理费。在此阶段，长租公寓平台是一种典型的赢家模式。

但是为了快速地做大平台规模、实现公司的上市目标，长租公寓平台利用长收短付、金融杠杆等手段，诱导租客提前交纳一年的租金，然而仅仅按照三个月的周期支付给房东，剩余的租客和房东的资金被挪用来抢占新的市场。长租公寓平台开始由赢家模式转向饕餮模式。

这种模式本身有着自己的脆弱性，一旦外部环境风险冲击，不仅平台公司本身市场拓展的节奏会被打乱，而且房东也不能如期得到租金，提前交纳一年租金的房客也面临着被赶出房子的危险。

2020 年 11 月 23 日，一条蛋壳女租客拿着菜刀与房东对峙的视频在网上疯狂流传。视频中，一名刚毕业的女大学生声称其已经给蛋壳公寓预交过一年的房租，现今却要被房东扫地出门，过程中女大学生一个人拿着菜刀与屋外的房东对峙着，而房东也很无奈地表示已经半年没有收到租金，面临着被银行催贷的压力。

而已经收取一年租金的蛋壳公寓已经人去楼空，负责管理的“公寓管家”也早已离职，在各地房东和房客的冲突事件中消失无影。号称为年轻人提供高品质住房环境的长租公寓，现今却成了租客与房东的地雷阵。

外部环境的冲击，加上长租公寓商业模式本身的脆弱性，爆雷的长租公寓平台由“饕餮”转向了“败将”：平台公司破产跑路，租客被赶出房子，房东无法收回租金。

根据贝壳网的不完全统计，2017年至今，跑路的长租公寓多达107家，其中40%发生在2020年。而根据《财经》杂志对公开资料的整理，在新冠肺炎疫情的冲击下，2020年下半年以来，爆雷跑路的长租公寓品牌多达25家。

《财经》评论道，长租公寓大规模的爆雷固然有2020年新冠肺炎疫情的客观因素影响，但是长租公寓的“高收低租”“长收短付”模式，是爆雷的根本原因。

本案例以蛋壳公寓——一家有着品牌影响力的上市公司为例，阐述当前长租公寓如何走向败将商业模式。

“蛋壳公寓”是一个定位于高端白领的公寓品牌，旨在为刚毕业的大学生白领提供高品质的租房体验。

2015年6月，公司在北京成立并正式进入长租公寓市场。

仅仅5年后的2020年1月17日，蛋壳公寓就成功在美国纽交所上市，当天市值达到27.4亿美元，但是到2020年下半年，上市不到一年，蛋壳公寓陷入了讨债风波，市值跌去了90%，不到3亿美元。

根据媒体报道，2020年10月份蛋壳公司就被曝拖欠员工薪水，并且多处办公室关闭。11月，蛋壳公寓因为拖欠房东房租以及房客的租房退款，办公场所被房东和房客围堵，房东宣称已经数月没有收到蛋壳公寓的租金，而房客则称提前预交了12个月的房租却要被房东赶出房间。

2021年当地时间4月6日，纽约证交所宣布，已决定启动程序，将其从证交所除牌，美国存托股（ADS）也将立即暂停交易。至此，上市仅仅445天的蛋壳公寓彻底“碎”了。

蛋壳公寓经营失败，股价大跌，租客与房东价值被侵害，这其中没有任何一方赢家，这是一种典型的败将模式。

蛋壳公寓的价值主张和定位

在传统的房屋租赁模式下，房客直接和房东签约，中介在其中的作用就是市场撮合，确保房屋信息的真实性，并从交易中提取一次性佣金，一般为一个月的房租。之后，中介完全退出，房客直接付给房东租金。

传统的租赁模式下，会出现各种问题。首先，租赁关系不稳定。在房价快速上涨的背景下，房东不愿意长期租赁，房客面临着频繁被房东解约的风险。而对于想要将多余房子长期租赁的房东而言，也面临房客频繁更换的困扰——频繁的看房交易成本以及过长的房屋空置期。第二，房屋品质方面，作为租赁用的房屋，房东往往不愿意过多装修，即使装修也不愿意使用较好的材料。这对于希望提升生活品质的刚毕业大学生而言，无疑是极大的问题。第三，合租室友问题。合租方式下，室友的筛选也是一个重要的考量。

针对传统房租租赁模式下出现的问题，以自如、蛋壳为代表的长租公寓提出了为城市白领打造高品质租住生活的价值主张，并以精致的装修、品牌家居家电配置、优质的服务快速赢得租客青睐（见图 2–13）。

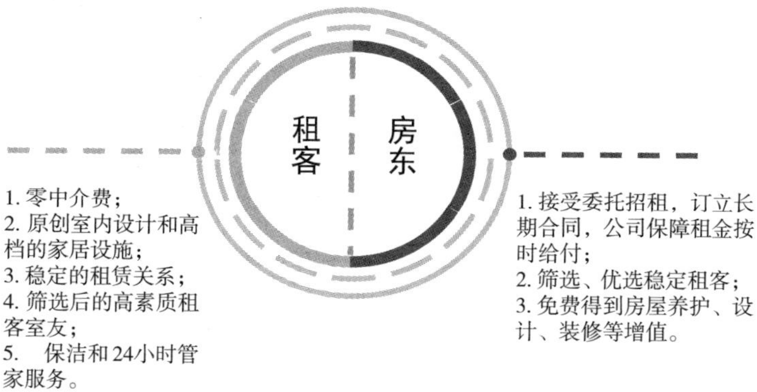

图 2–13　长租公寓的价值创新

这样的价值主张对于追求一定生活品质的刚毕业的大学生、年轻白领以及有着出租需求的房东来说都有着绝对的吸引力。

而根据公开的新闻报道，在实际业务发展过程中，蛋壳等长租公寓为了尽可能快地抢占市场份额，甚至会支付比房客租金更高的市场租金给房东。

如果没有后来的租金贷，蛋壳长租公寓的模式在目前听起来，似乎都很美好。将市场定位为对租房有着一定品质追求的大学毕业生和城市白领，通过与有着出租需求的房东签订长期合同，进行再装修，并转租给租客，同时提供一定的管理和服务，赚取中间的租金差价和管理服务费，在为顾客提供创新的价值的同时，企业获得了一定的盈利。这是一种赢家模式。

简单来说，如果没有租金贷相关的业务，蛋壳公寓的运营模式可以按照图 2–14 进行阐述。

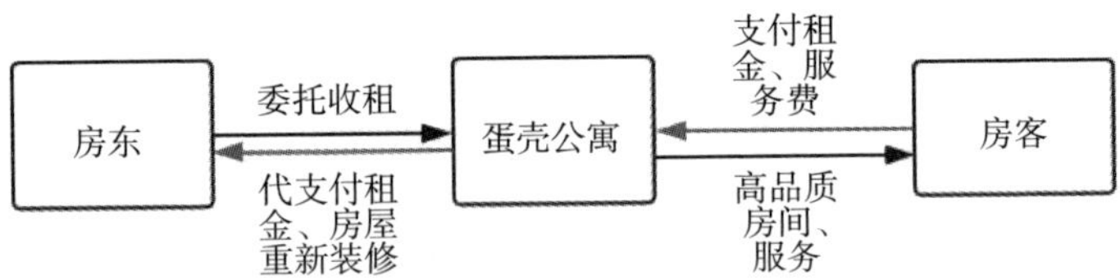

图 2–14　传统房屋租赁服务

此种模式下，蛋壳公寓就是典型的“二房东”。但是这种模式下，公司扩张速度有限，并且房租市场的想象空间有限。

为了快速地做大规模，实现平台企业的上市目标，蛋壳公寓开始诱导租客提前交纳一年的租金。

蛋壳公寓：从“饕餮”到“败将”

向租客收取半年、一年或更长的房租租金，然后每次仅仅支付房东 3 个月的租金，利用“长收短付”模式，将剩余的资金用来收取新的房源，成为长租公寓普遍的运营模式。

“长收短付”的一个重要配合工具就是租金贷。

根据媒体后来的梳理，蛋壳公寓会通过优惠的房租和服务费条件诱导租客进行租金贷，也就是公寓管家会说服租客向微众银行一次性贷出半年或更长时间的租金，这笔租金直接支付给蛋壳公寓，然后由租客每月按时向微众银行支付本金和利息。这样一来，蛋壳公寓能够提前一次性拿到半年或一年的房屋租金，然后按照3个月一次的频率把租金支付给房东。在租金贷的支持下，长租公寓平台可以最多占用9个月的租金，然后拿着预付的长期租金去高价圈占房源。

此外，即使租客不愿意贷款，长租公寓也有办法实现“长收短付”。姚书恒、杨妙妙指出，长租公寓未来的预期租金，作为稳定的现金流，也可以打包成ABS金融资产拿到金融市场上去出售，这样一来，长租公寓同样可以立即获得未来的租金收入。《中信证券·自如1号》披露了自如长租公寓将未来预期租金作为资产证券化后的产品卖给投资人的利率，只有5.39%，而租客的真实年化利率达到了12.36%。

在这种模式下，只要长租公寓租赁房子足够多，就可以占用无限多的资金。更多的资金就可以用来租赁更多的房子。同时还可以利用租金贷、ABS等金融工具赚取更多的资本收益。

一时间，微薄的“二房东”租赁服务市场立即引来了各大资本的角逐。既有碧桂园、万科、恒大、招商蛇口、龙湖等地产公司把原有的库存房转为长租公寓，也有中介公司，诸如链家/自如、世联行、我爱我家等参与其中，甚至包括如家、华住等酒店集团也纷纷加入了长租公寓市场。

长租公寓平台的商业模式已经发生了本质的变化——从

依靠租赁中间服务赚钱，变成纯粹依赖“长收短付”的金融杠杆进行扩张。

当然，这种商业模式在资本市场上也可以讲出一个很完美的故事——首先迅速抢占市场，培养消费者对平台的依赖和消费习惯，然后可以降低房东的租赁成本，逐渐提升房客租金，摊平服务成本，最终实现市场垄断下的规模经济优势。

在这样的模式下，根据蛋壳公寓的公开资料，2015 年末至 2019 年末，蛋壳公寓运营的房间由 2434 套增至 438309 套，4 年时间增长了 179 倍。蛋壳公寓最终于 2020 年 2 月 26 日成功在美国纽约交易所上市。

这是蛋壳公寓饕餮模式的胜利。

但是，在这种金融杠杆模式下，一旦入住率不及预期，风险就会被无限放大，整个链条都会断掉。最终受损失的不仅是平台企业的长远发展，还有租客和房东。

蛋壳公寓的财务报表显示，2017—2019 年，蛋壳公寓营业收入分别为 6.57 亿元、26.75 亿元、71.29 亿元，每年增长率在 300% 以上，然而同期净利润却只有 −2.7 亿元、−14 亿元、−34 亿元。

蛋壳公寓在营收增长的同时，亏损却一再加剧。

2017—2019 年，蛋壳公寓的出租率分别为 86.5%、76.9% 和 76.7%。据《21 世纪经济报道》报道，一位自如项目负责人曾提出，分散式长租公寓只有做到 95% 的入住率，才能实现稳定的现金流。

而蛋壳公寓2019年第一季度到2020年第一季度入住率的情况，均未超过95%（见图2-15）。

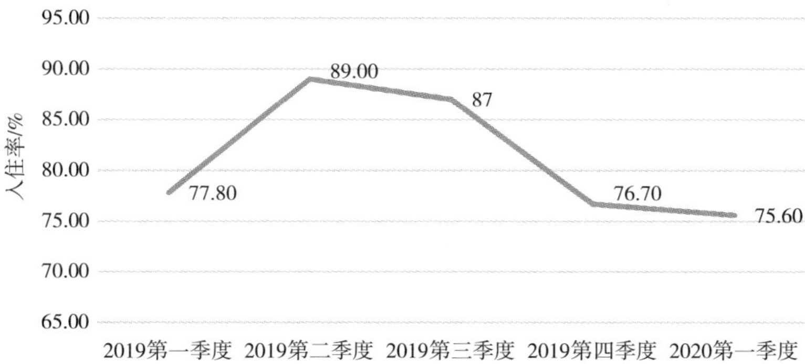

图2-15　蛋壳公寓入住率

数据来源：综合整理自蛋壳公寓招股书。

即便如此，蛋壳公寓也并未停止扩张的步伐，根据相关媒体报道，为抢占房源，长租公寓以明显高于市场的租金价格向房东揽收房源，转而再以明显低于市场的租金出租给租客。

2018年，水木社区出现了一个帖子。一个北京天通苑的房东要把手上的三居室租出去，原本心理价位是7500元/月，但自如、蛋壳轮番加价争夺房源，最终蛋壳以10800元/月拿下。

新冠肺炎疫情防控期间，蛋壳公寓要求房东豁免两个月的房租，但是这依然无法阻止蛋壳的爆雷。原本是租赁服务的蛋壳公寓已经异化为杠杆化的金融模式，风险全部转嫁到租客和房东身上，在入住率不及预期的情况下，蛋壳的爆雷，导致了无辜的房客和房东遭受最终的损失。根据深圳市消费者委员会统计，2020 年深圳市消委会收到有关长租公寓的投诉达到 2531 宗，相比于 2019 年的 1103 宗，上升了 130%，其中关于蛋壳公寓管理有限公司的投诉占到 1204 宗。蛋壳公寓公司股价由最高时的 13.9 美元，下跌到最低 1.27 美元。关联公司多次被法院列为被执行人。

2021 年 4 月 6 日，上市仅仅 445 天的蛋壳被纽交所正式宣布启动摘牌程序，在创造了快速上市的历史后，也创造了被快速摘牌的历史。还有网友投诉，在被迫搬离蛋壳公寓后，原本应 14 个工作日到账的退款，迟迟没有到账，而蛋壳公寓早已人去楼空。

蛋壳公寓已经由“饕餮”沦为了“败将”。

一个本来有潜力成为“赢家”的商业模式，最后沦落为“败将”。蛋壳公寓的失败不是商业模式的破败，而是创始团队没有按照商业模式设计去认真经营。快速资本化运作，快速兑现商业模式创新的红利，不仅害了蛋壳公寓，也让未来类似的商业模式更难推行。

3

商业模式创新

本部分将讨论商业模式创新的关键思想以及一些通用的商业模式。通用商业模式是我们进行商业模式创新的基石，我们可以学习和直接采用这些成熟的商业模式，也可以对其进行适应性的改造、调整和重新组合，找到适合自己的新的商业模式。

让我们从一些定义开始。如前文所述，商业模式、商业模式创新这些术语越来越成为流行媒体中使用频繁的热门词汇，即使是意见领袖和学者也在没有过多考虑的情况下而直接使用这些概念。因此，人们常常会感到困惑：有些人认为是商业模式创新的内容，而在另一些人眼中，却又不是商业模式创新。

所以，面对这种有些混乱的局面，我们需要先讨论一些概念和实用的分析框架。

商业模式改变与商业模式创新

根据我们的定义，商业模式是一种创造价值和占有价值的程序系统，也是组织活动的常规系统。商业模式是为了创造价值，这也就意味着造就满意的利益相关者，帮助所有关键利益相关者解决其问题。另外，价值占有也意味着在帮助其他人的时候，把一部分利润留给自己。

商业模式：价值创造和分配的常规活动系统。

在现实使用中，我们可能会将“商业模式改变”和“商业模式创新”两个概念混同。但在学术研究中，二者有着严格的区别。前者的概念比后者宽泛得多。

“商业模式改变”指的是公司现有商业模式的任何变动：既可以是激进式的（业务模型一个或多个维度的重大转变），也可以是渐进式的（单个业务的渐进改善）；既可以是彻底的、完全的，也可以是部分的、增量的。从自己内部生产改变为外包生产，或者从卖汽车转变为开发共享汽车模式，都可以被称为商业模式的改变。

但是，“商业模式创新”的定义却极为严格，范围极小。它指的是引入全新的东西来改变所在的行业，这种改变对于当前的世界来说是全新的，或者至少对原有的行业而言是全新的。在商业模式创新下，新的运营模式、新的价值创造和获取的活动系统产生，商业活动的运转将会更加有效和高效。“商业模式创新”在增加价值创造的同时，还能为企业增加价值占有，能为行业，乃至整个世界带来全新的改变。另外，商业模式创新一定是有意为之的。因为就行业或者整个市场来说，公司商业模式的创新是为了响应已经感知到的发展机会，以使公司运营更有效或有效率。这不是自发的，而是自觉的，通常情况下，管理层必须认真构思它。

对于单个公司来讲，如果公司模仿了别的公司的商业模式，对公司来说可能是全新的，但这不能被称为商业模式创新，只能称之为改变。我们可以通过几个例子来更深入地理解二者的区别。

第一个例子是 IBM 的商业模式改变。它以一次又一次地自我改造而闻名。当 IBM 从生产电脑、大型机、笔记本电脑转向为大公司提供服务时，它发生了根本性的商业模式转变，商业模式的四个模块发生了彻底的变化。但是，这并不是商业模式的创新；这对公司来说是新的，但对整个行业和整个世界来说肯定不是新的。还有很多其他专业服务公司用类似方法为企业创造价值，如埃森哲 (Accenture)、麦肯锡 (McKinsey)、波士顿咨询（BCG）等。

第二个例子是开市客（Costco）。开市客批发超级市场在传统实体店的基础上引入了网络销售渠道。这肯定是商业模式的改变，在我们的价值创造和价值获取的活动系统中，某些东西发生了改变，人们可以直接在网上订购。这还是一个渐进的过程，它没有完全改变四个模块中的所有内容，所以它属于商业模式改变。当然，它不是商业模式创新，它只是模仿其他企业正在做的事情，它是渐进的、逐步完善的商业模式。

第三个例子是苹果公司。就 iTunes 和新的 iPod 播放器匹配而言，这是苹果公司的重大商业模式改变，这是真正的商业模式创新。此前，苹果一直是一家硬件和软件公司，现在它开始提供媒体服务；与此同时，这种硬件、音乐播放器和真正的便利店的结合也是这个行业有史以来的第一回。所以这是一个真正的商业模式创新。不过，几年后，谷歌的 Android market（现在更名为谷歌 Play）也跟随苹果的脚步，为 Android 用户提供了直接在 Android market 购买音乐的方式，这就是一种商业模式的模仿；这对行业来说已经不新鲜了，它只是模仿了苹果以前的做法。

总而言之，商业模式是价值创造和获取的常规化活动系统。只要你对活动系统进行了修改，那就是商业模式的改变；如果说这种改变对世界或行业来说是全新的，是前所未有的，那我们说就是商业模式创新，否则就是商业模式模仿或改变。

商业模式创新与实践

在这一节当中，我们将讨论在实践中如何进行商业模式创新。

一个前提是：为了创新而创新是没有任何意义的，创新的唯一目的是为公司创造竞争优势，保护竞争优势不被模仿。那么，我们应该怎么做?

针对商业模式的创新实践，本书提出了创新设计循环图（见图 3-1）。

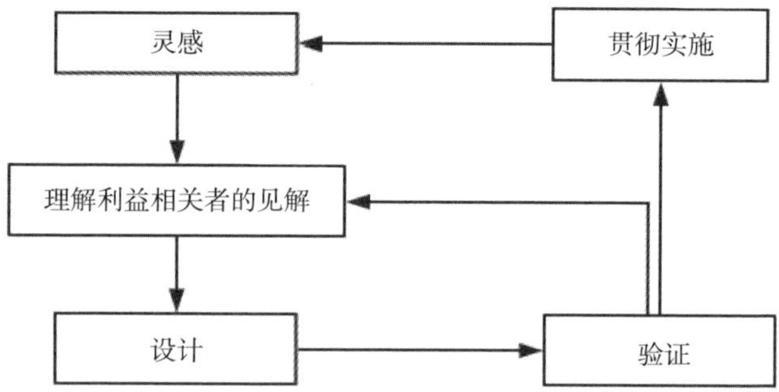

图 3-1　创新设计循环

首先，我们需要灵感以洞察利益相关者的利益，特别是其中的弱点、不满意的客户和未开发的需求。它们都是通用商业模式分析的基础。这些尚未解决的问题、客户需求，是帮助我们重新设计出一种新的商业模式的机会，能够为我们带来一个巨大的有利可图的创业机会。

所以我们需要借助行业通用商业模式展开分析，一般来说，每个行业都有一两个这样的通用商业模式。

制造行业公司的商业模式通常看起来非常相似。汽车行业通用的商业模式就是一个典型的例子。企业生产汽车，然后把它们卖掉，这是汽车商业运营的通用模式。相比之下，如果汽车公司不使用原有的经销商网络，即不使用既定的发展方式，那么这就意味着在汽车行业引入了商业模式的创新。

所以，分析行业通用的商业模式的弱点，并分析不满意的客户以及未开发的需求，这是一个成功的开始。

第二，我们应该使用商业模式设计流程，针对不满意的客户以及未开发的需求，使用通用的商业模式作为创新灵感的来源，去尝试一些新的可能。

通用的商业模式是我们将在这一部分最后讨论的内容。当你试图设计一个新的商业模式时，这些标准蓝图可能会激发你创新思维的兴趣。所以，如果你所在的行业中现在还没有通用的商业模式，但在类似的行业中已经开始运行，也许你可以将其引入你所在的行业中。

第三，验证商业模式。商业模式设计完成之后，我们还需要一系列的手段进行验证，验证所设计的商业模式是否能够使客户满意，是否能够满足未开发的市场需求，等等。商业模式的验证关系着如何以最低的成本去论证商业模式的可行性。如果没有这一环节，等到具体实施的过程中，就可能造成难以估量的损失，这直接关系着初创企业的生死存亡。关于商业模式的验证方法，在本书的第五章，我们将做进一步讨论。

第四，贯彻实施并准备好接受持续的变化。通常情况下，我们很难立即找到最合适的商业模式，只有在贯彻实施过程中，不断地通过新的灵感来重新设计调整。

所以，这是一个标准的创业设计循环，它对我们进行商业模式创新非常有帮助。

通用的商业模式

现在让我们回到实际操作的层面。

徐光启曾说：欲求超胜，必先汇通。如果暂时想不出全新的商业模式，那就从套用一个通用的商业模式开始（见图 3-2）。这是一个好的想法。通用商业模式是商业模式设计的蓝图或基石，它是跨行业的通用模式，通常适用于所有行业。如果你所在的行业没有特定的通用商业模式，不妨先考虑跨行业的共同模式，或者将它们进行组合；在验证阶段，我们可以通过这种尝试来了解这样的商业模式能否给公司带来绩效方面的增长。

常见的通用商业模式超过 50 个，我们重点讨论其中最常用的 8 个。

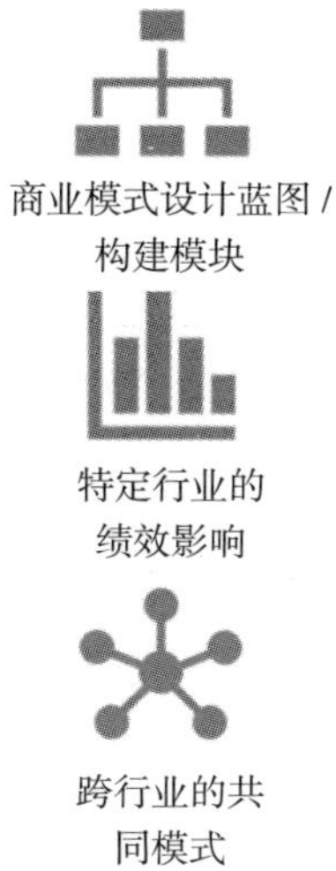

图 3-2 通用的商业模式

蓝图 1：折扣商业模式

在每个行业，都有折扣的空间，也有提供大量、低价产品的公司的生存空间。

折扣商业模式创新就是从低量、高价、精品式的供给向大批量、低价供给的转变。正如前文所述，房地产经纪的折扣模式是通过将佣金从 5% 降到 1%，但提供更少的服务来实现的。沃尔玛和一元店都是典型的例子。另外，在教育行业，当想要接受高等教育的学生不能支付全额学费或者由于某种原因不能上普通大学时，也有变相的“低成本折扣教育”可供学生选择；医疗保健行业也是如此，尽管它的折扣方案相对较少。换句话说，每个行业或多或少都有自己的“沃尔玛”。如果你所在的行业没有折扣商业模式，也许可以考虑开发一种。我们在前一章节讨论的“拼多多”，就是一个社交媒体 + 折扣商业模式的创新。

在每个折扣商业模式的设计选择中必须首先强调效率，比如标准化的规模经济、高利用率、外包、负现金循环（这基本上意味着你的供应商为你的运营买单）。所有这些都是折扣商业模式的重要组成部分。当然，这样的模式也会招来诟病。以沃尔玛为例，很多人批评沃尔玛摧毁了社区和附近的小商店，还对供货商压款。但从盈利角度看，沃尔玛的行为无可厚非；作为一家折扣超市，它在商业模式设计选择中更为注重效率，以便获得尽可能多的利润。

大多数颠覆性创新也完全包含在这种商业模式中。在 20 世纪 70 年代，沃尔玛折扣商业模式的出现本身就是一种颠覆性创新。

蓝图 2：从长尾中获利

这种商业模式的整体理念是，在传统的实体店世界里，由于展示货架资源的稀缺性，商户只有有限的库存空间，因此他们只能在家里和货架上保留销量大的、有限数量种类的产品。

而长尾理论指的是，需求和销量都极低的商品，由于储存、流通、展示等成本问题，无法实现生产和销售，而现在由于某些原因，成本下降，或者不需要这些成本，这些小批量的产品能够顺利实现生产和销售，并且即使规模再低，企业也能够从生产和销售过程中获利。而且这些需求和销量都极低的产品，由于种类数量的庞大，其共同占据的市场份额甚至能够和热门产品的市场份额相当，甚至更大。

长尾理论最早是用来描述亚马逊之类网站的商业模式。简单地讲，长尾就是市场分布曲线的尾部。传统模式下，由于成本和效率问题，商家只会关注曲线“头部”的热门种类的商品。而长尾理论下，商户能够从产销量均极低的“冷门商品”中，也就是这些经常为人所遗忘的长尾市场中获利。

比如，如果你去一家实体书店——即便是大书店，它们也基本上只能卖畅销书。因为书架的展示空间极其有限，只够留给这些畅销书。但也有很多书，即使单独来看并不是畅销书，但将它们的潜在销量加在一起，也能有相当的销售规模。而这样巨大的市场潜力还是会消失在传统的实体零售当中，因为客户缺乏获得它们的渠道。

所以基本上，如果你去开市客，你会看到，可能只有 50 到 100 种书，当然每一种书都有很多本，因为它们都是畅销书，有着很大的销量。如果你想买一些标准化的、常见的东西，你可以在开市客买到。但是一些其他的冷门商品，如专业图书，你可能很难在那里买到，因为它们的书架展示空间有限。

而亚马逊几乎允许你订购任何你想要的书。因此，亚马逊正从其图书销售的长尾市场中获利。图 3–3 是亚马逊长尾市场的图示，右侧长尾区域都是销量极低的图书或音乐作品，它们当然算不上畅销书，我们也很难在普通商店里买到它们，但是所有这些冷门种类的图书、作品加起来仍然是一个庞大的市场。

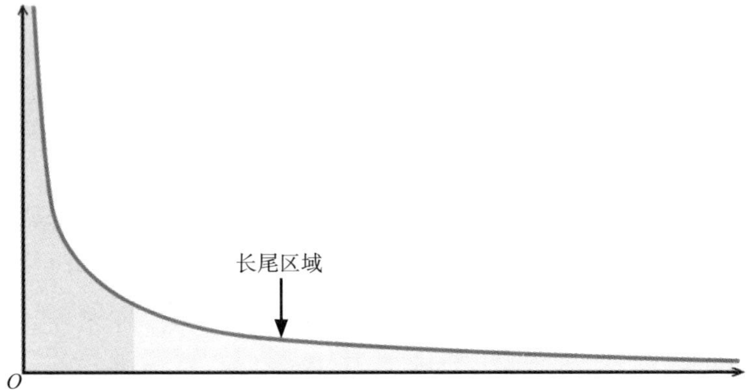

图 3-3　亚马逊长尾市场

这就是从长尾中获利的想法。

如果你有合适的机制，这种商业模式就会奏效。如果一个人能很快获得一本合适的书或一首合适的音乐，例如，按需生产，那么在这种商业模式里就不会产生库存。对于媒体商店，如音乐商店而言，这种模式的运用不是什么大问题，因为这些内容生产本质上也是他们自己的需求。即使是现在的图书销售，在亚马逊仓库，也有庞大的生产机器，如果你订购了一本书，当地亚马逊的仓库可能就会按需印刷这本书。

为什么这很重要？

从长尾商业模式中获利，本质上使音乐产业大众化与小众化并存。这在游戏开发和冷门图书方面也同样适用。因为，如果我写了一本晦涩难懂的书，全世界只有 100 个人读，然后在亚马逊出现之前，在长尾商业模式出现之前，我将永远不会找到我的读者，这本书可能就不会被出版。但是今天，有了适当的机制，我的顾客可以找到我并购买我的书，即使只有 100 本。

我们用亚马逊做例子，是因为它广为人知，方便我们展示理论要点。长尾模式最近的一个例子是加拿大的 Shopify。本章的案例部分会讨论。

蓝图 3：多面平台

多面平台（或称多边平台）是这样一种商业模式，它促进了市场双方之间（如买家和卖家之间）或广告商之间的交易。

多面平台在互联网出现之前就已经存在了。传统的购物中心就是一个例子。购物中心通过创造空间，提供已经运营了很多年的服务，让独立的商店与被吸引来到购物中心的消费者接触、交易。还有银行信用卡也是多面平台的一个例子，通过提供交易和清算服务，促进消费者和商家之间的交易。

多面平台的意义在于将多方联系在一起，通过为其提供相关的便利，帮助有生产能力的人找到买家，有需求的买家找到生产者。除了传统的购物中心，互联网出现之后的拍卖、综合市场、应用多媒体商店、Ebay 也都是多面平台模式的范例。当然谷歌搜索也是典型的多边搜索平台，用户搜索信息，广告商争夺用户的注意力，供应商希望他们的网站被客户发现。YouTube 同样是多面平台，当然它还包括了众包和其他一些通用商业模式，但本质上它还是将想要观看视频的用户、提供视频内容的供应商和付费的广告商联系在了一起。总而言之，多面平台的价值主张就是促进不同用户群体之间的互动。

多面平台有两种基本的盈利方式。第一种方式是通过收取交易佣金盈利。每次交易发生时，多面平台都会从中抽成，这是盈利的首选方式。比如各银行信用卡，每次交易它都能从交易中收取 0.6% 的交易佣金。因为从根本上说，佣金意味着第一年的收入流是安全的、有保证的。但反过来说，只有交易发生时，你才会得到一笔分成。这意味着价值是为双方创造的。第二种方式则是收取广告费。如果你不能内化各方的交易，或确保交易顺利进行，同时你的市场是一个巨大的多面平台，你也可以考虑收取广告费，将从交易中获得的数据货币化。但在大多数情况下——甚至在 99% 的情况下，试图出售数据都是行不通的。所以，还是必须依靠佣金。

为什么思考盈利模式这个问题如此重要？我们可以对比 Ebay 和加拿大的 Craiglist 或 kijiji。三者的业务本质上是一样的，都是将买家和卖家联系在一起。Craigslist 是由创始人克雷格·纽马克（Craig Newmark）于 1995 年在美国加州创立的一个大型免费分类广告网站，提供求职招聘、房屋租赁买卖、二手产品交易、家政服务等信息，但只对纽约、洛杉矶、华盛顿、波士顿、西雅图、圣地亚哥和旧金山的招聘广告收取费用，其他所有的分类信息都由网友自发提供，不收取任何费用。Kijiji 则是加拿大的一家分类信息网站，同样不收取费用。三者没有本质区别，规模和盈利状况却差别很大，Ebay 的业务规模达到数十亿美元，Craiglist 虽然也是一家大公司，规模却远没有如此巨大。因为 Ebay 将交易内部化了，依靠佣金分成盈利，而 Craiglist 只能依靠广告。这显然说明，盈利模式的差异会给公司带来很不一样的经营效果。

现在，对于所有的多面平台商业模式来说，最关键的资源就是在所有的整合市场中拥有足够规模的用户。重要的是，当你向投资者推销你的多面平台想法时，他们会问你这样的问题：是什么因素能够阻止别人模仿你的想法。也许你能想到的答案是：如果我们能得到足够的投资，在第一年发展出足够的买卖双方，就不会被其他人模仿。但是，如果单纯认为，多方平台只需要考虑如何拥有足够多的买家和卖家或足够多的广告商、搜索用户和内容提供商，就有点本末倒置了。

举个例子，比如拍卖网站，买家只有在卖家足够的情况下才会来。但只有当有足够的买家时，卖家才会来。这个问题目前没有标准的解决方法。你必须为此做好计划。通常你需要找到一些战略性的举措，例如，针对平台上卖家进一步发展的首要障碍，可以尝试专注于另一面：重点考虑解决买家的问题，比如我们可以利用优惠折扣或者超低价商品先吸引足够的买家不断加入平台。一旦市场的另一边——买家的问题被解决了——有了相当规模数量的买家，那么我们的主战场——卖家将会得到超越式的爆发。比如中国拼多多电子商务平台的兴起。在淘宝和京东垄断下的中国电子商务市场，很多商家迫于京东、淘宝的“二选一”政策，即使拼多多提出了零费用，也不能去新的平台开设新的店铺。拼多多利用社交拼团购物模式，通过超低价的生鲜农产品，快速推动了平台另一面——买家数量的增长，随着买家数量规模的扩大，卖家也就逐渐被吸引到这一平台中。当然，关键的资源使用是整合基于市场的各个部分。

最后，多边平台模式非常容易两极化：要么从施主模式坠入败将模式，要么从赢家模式沦为饕餮模式，直至被监管。在前面的案例部分，我们讨论过蛋壳长租公寓是怎样在两极化过程中成为“败将”的。这一案例也衍生出人们对平台模式的警觉。

蓝图 4：免费增值商业模式

免费增值商业模式是指一家公司免费提供基本产品，但如果用户想要获得更多的服务，他们就必须额外付费。从设计上来看，免费增值商业模式只会让一小部分免费用户转变为付费用户。

LinkedIn（领英）就是一个很好的例子。绝大多数 LinkedIn 用户都是免费用户，而且他们还会一直是免费用户。但是一小部分用户，比如专业猎头，他们为了获得额外的服务，就需要支付额外的服务费用，企业从这一小部分付费客户那里得到足够支撑整个商业模式的收入。

如果我们要采用免费增值商业模式，要注意什么？

我们必须意识到：免费增值商业模式只适用于某些低边际成本的额外用户。这基本上是一种基于互联网的现象。在互联网出现之前，我们并没有太多免费增值商业模式。你不能指望免费送出丰田卡罗拉，然后对丰田凯美瑞收取更高的费用，指望从丰田凯美瑞销售得到的收入能为整个商业模式买单。在前互联网时代，客户能得到的主要免费产品就是超市里的免费样品或食物，这些都是必不可少的广告或促销。多亏了互联网，我们才能够得以谈论免费增值商业模式。Dropbox、LinkedIn 等许多公司都在采用这种免费增值商业模式。

所以，如果想要采用这类商业模式，要考虑清楚产品是否有低边际成本的特征。比如金山办公软件免费提供给所有用户，但是如果想要里面的增值服务，比如绘图模板、设计工具、云储存等，则需要额外付费。百度云网盘也是如此，如果需要扩展存储空间、提升上传和下载的速度等，也需要额外支付费用。这些软件产品都有着低边际成本的属性。

蓝图 5：剃须刀片商业模式

这种模式的整体理念是，商家将亏本提供给客户一个最初的主产品，同时让客户锁定与产品配套、与商家相关的后续互补产品，然后对后续互补产品收取全价。典型的例子是喷墨打印机，设备本身非常便宜，公司无法从卖打印机的过程中赚到钱，甚至是亏本销售；但随后他们会通过与打印机配套的墨盒赚钱。剃须刀和刀片也是同样的道理，最开始购买剃须刀的时候，价格会非常便宜，但之后客户将不得不定期全价购买所需要的刀片。

当然，只有顾客被吸引、锁定了，整个商业模式才会起作用。如果客户可以从你那里买打印机，然后又可以从别人那里买墨盒，这个商业模式就无法运转。我们发现，在一些新兴市场中，因为法规不严密，模仿配件的企业很多。消费者可以直接从模仿企业购买需要持续补货的配件。因此，原厂家的“剃须刀片模式”就行不通了。

此外，手机服务也是一种典型的剃须刀片商业模式。在这种模式下，我们只需要支付很小一笔费用就能得到一部手机，但随后我们手机的月付款会大幅增加，最终我们不得不在一年或两年的时间里支付完手机的全价。比如中国各大电信运营公司推出的合约机，就是这一模式。消费者购买合约机，只需要支付极低的费用，但是必须承诺在以后若干年，通常是两年或者三年，按照合约规定的话费套餐进行使用。这一话费套餐在未来合约期内的总价将会完全覆盖掉手机的全价。

新冠肺炎疫情背景下，“剃须刀片模式”遇到另外一个新挑战：怎样平衡依赖性需求和利润之间的关系。预防新冠病毒的疫苗研发厂商为全球抗疫做出重大贡献。以它们前期的投入，短期内疫苗的收入是不能抵销过去的投资的。不过，疫苗将是人类必须长期依靠的抗病毒方案之一。怎样做出合适的定价，避免成为饕餮模式的企业，这就给医药企业带来事关商业伦理的决策问题。

蓝图 6：捆绑商业模式

捆绑商业模式的整体理念是在一个商业模式中将不同收入流连接起来。捆绑商业模式下企业能够在用户首次购买产品或服务的时候收费，并且在下次发行新内容时也仍然能够收取全价。苹果 iTunes 和 iPod 就是捆绑商业模式的一个例子。消费者需要花钱购买 iPod 播放器，同时，为了下载发布的数字音乐，用户还需要再次支付全价购买。

捆绑商业模式的另外一种类型就是把产品和服务连接在一起，当然这也可以看作一种服务化的商业模式。宝马就是一个很好的例子。如果你要买宝马汽车，你需要全价购买，然后你还需要付全价享受服务。所以如果你在拥有宝马的同时，还有比如丰田卡罗拉，你就会在换机油的时候感觉到宝马和丰田卡罗拉的不同，因为后期维修服务的价格差别非常大。在加拿大，普通车换一次机油，收费在 30 加币到 60 加币不等。而高档车去 4S 店换一次机油，大约需要 150 加币。以终身使用成本计算，一辆宝马越野车的购买价格和维修保养成本基本上是一样的。

捆绑商业模式不限于一个盈利模式，可以是多个盈利模式的组合。

本章案例部分，我们会介绍派乐滕健身公司，它就包含了多种盈利模式。

蓝图 7：众包 + 社区

在众包 + 社区商业模式下，用户自己贡献内容，关键用户生成内容。内容是众包商业模式的关键资源。今日头条、抖音、知乎、维基百科和 YouTube 等都是众包模式的典型例子，它们的关键资源内容都是由用户生成的。其盈利模式则通常是通过广告赚钱或者依靠捐赠。

开源软件的商业模式也与众包类似。Red Hat 公司就是一个很好的例子。Red Hat 是一家价值数十亿美元的公司，他们开发红帽 Linux 操作系统。用户可以去他们的网站免费下载这个 Linux 并免费安装。它是开源的，成百上千的软件开发者开发了这个 Linux 的核心和关键应用程序。Red Hat 公司不能出售红帽 Linux，因为它的很大一部分是由志愿者和软件开发者开发的。软件许可证不允许你把软件卖给其他人。公司负责人通过收取服务费将业务模式货币化。如果一个大的组织想要使用 Red Hat Linux，他们会加入 Linux 公司；为了获得支持服务，他们会为 Red Hat 提供额外支付，以确保在使用过程中能够得到配套的维护和帮助。如果操作系统出了问题，公司会有人帮助他们进行维护。

软件行业的 Shopify 也利用了类似的众包 + 社区模式。Shopify 打造了一个平台社区，目前有超过 2 万名应用程序开发商和代理商合作伙伴在这一平台上为其提供各种个性化的软件系统开发服务。

蓝图 8：从产品到服务

从产品到服务是我们现在看到的商业模式的一个重要转变。一般来说，我们购买产品是为了购买它带来的使用服务价值，而不是产品本身，尤其是对于生产型的机器设备。

共享商业模式就属于这种“从产品到服务”的范畴。以加拿大的 Zipcar 为例子，用户可以和其他用户共用一辆车，而不必单独购买；所有的租赁业务模式都属于从产品到服务的范畴。所以，如果在你的行业中，也有一种方式可以通过产品出租或销售产品的使用服务，而不是直接销售产品本身，你或许可以用这种模式进行创新。

典型的从产品到服务模式在共享经济和软件行业都比较流行。例如，微软越来越朝着软件年度付费的方向转型。它就是一种从产品到服务的商业模式。我们案例分析中讨论的赛富时和滴滴出行都采用类似的模式，但都做了定制化的修改。它们也符合我们谈到的一个原则：商业模式创新，可以先从模仿通用模式开始，然后做定制化修改。

我们目前在为一家工业互联网企业——慧心智能制造——做商业模式的咨询。在这个商业模式设计中，我们将原来的软件购买和使用模式改造为即用即买的模式。它也是沿用从产品到服务的通用商业模式。

总结一下，公司可以通过改变商业模式或者在行业中引入一个全新的商业模式来创造竞争优势。怎么做呢？

有不同的方法来思考商业模式创新，但最实际的是看一看通用商业模式，想想它们是否都存在于你的行业中。如果别人还没有将通用的商业模式融入你的行业中，例如，长尾分销商业模式，或剃须刀片商业模式，你可以把这些引入你的行业。你也可以把它们结合起来，创造一个商业模式组合。要点是，商业模式改变和商业模式创新是有区别的。商业模式创新不一定需要一切都从头来，它可以从通用模式开始，然后按需创新。

案例

传统健身房颠覆者：派乐滕

商业模式精要

1. 以体力劳动为主的社会不需要健身房，因为工作就是健身。健身房模式出现的时候，它是新生事物，是为满足体力劳动向脑力劳动，工厂经济向办公室经济转型过程中的新需求。

2. 派乐滕的商业模式颠覆了传统健身房的模式。它让人们在可以单独居家健身的同时，拥有社群体验价值。它满足人们希望独处的时候有集体的社会心理联系。悖论和矛盾共存是后工业社会的一个普遍特征。派乐滕模式满足了后工业社会人们“单独群聚”的需求。

3. 后工业社会出现一个个新部落。它们既可以是生产部落，也可能是消费部落。消费部落成员有类似的爱好和生活观。部落情境下的消费感受是价值的重要来源。派乐滕抓住了这个新价值源泉。

4. 结合硬件收入和订阅收入，派乐滕保证自己的模式有多样收入来源。它是模式稳定的有利因素。

5. 后工业社会的消费部落在意硬件的设计感。派乐滕未来可以在设计上把硬件变成后工业社会家庭一种可供炫耀的物件。

6. 商业改变与商业创新有本质区别。创新模式往往在商业设计的四个模块上都有与众不同的内容和活动。

案例概要

传统健身房的商业模式，简单来说，就是以健身房周边的健身爱好人群为目标客户，向这些客户提供健身和社交场所，收取一定的会员费。

但是，传统健身房有着固定的场所和时间限制，它的商业模式无法满足那些不能在健身房开门时间进行锻炼或者是距离较远的客户，这种约束限制在2020年新冠肺炎疫情下所有健身房关门期间，得到了无限的放大。

因此能够更有弹性地满足客户需求的家庭在线健身服务成了蓝海市场。根据智研咨询最新报告，中国在线运动健身行业市场规模最近几年连年增长，2018年达到4.42亿元，每年增长率接近30%。

家庭在线健身服务市场发展最大的难题就是健身的指导和社交的缺失——也就是单独居家和社群体验之间的冲突。

本节以派乐滕为研究对象，具体阐述其如何利用商业模式的创新对在线健身服务行业进行破局。

不同于传统健身房，家庭在线健身服务派乐滕的商业模式创新（见图3-4），首先在于将目标市场定位为希望或者是被迫单独居家健身的人群。派乐滕开辟了不同于传统健身房的蓝海市场。它在为目标客户提供了一种新的价值主张——在单独居家运动的同时，拥有社群体验。为实现这样的价值主张，派乐滕从硬件、内容、社交等方面进行了全新的活动系统设计，同时还重新设计了企业的收费模式。我们认为，派乐滕商业模式创新成功的核心资源就在于其极致的硬件设备和内容设计创新，以及在线社区的打造，解决了居家健身人群的社交需求。

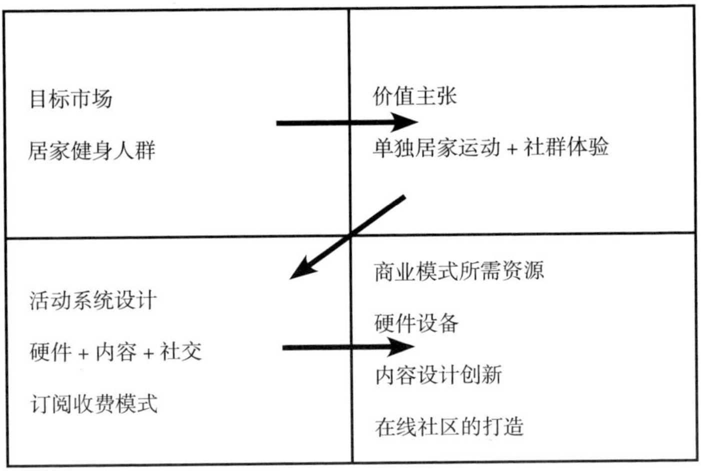

图 3-4　商业模式创新模块分析框架

派乐滕是一家在美国成立于 2012 年的家庭在线健身公司，它的业务范围主要包括两块：销售健身器材（动感单车和跑步机）、提供线上健身课程订阅服务。它开创了在线互动、智能辅助的模式，以“将社群和精品健身带回家”为价值主张，通过将流媒体订阅和互联网社交引入健身器材行业，重新设计了商业模式的活动系统，解决了在线健身行业发展的这一现实痛点，利用订阅付费模式和健身器材的销售，实现价值的交付，最终实现了自身快速的发展。

2019 年 11 月，派乐滕在纽约纳斯达克证券交易所正式上市。

2020 年，派乐滕的股价最高涨了将近 10 倍(见图 3–5)。到 2020 年底，派乐滕的收入超过了 18 亿美元，有超过百万的订阅者，营运现金流量达到 3.76 亿美元。

派乐滕的成功来源于其对商业模式的重新设计和创新。

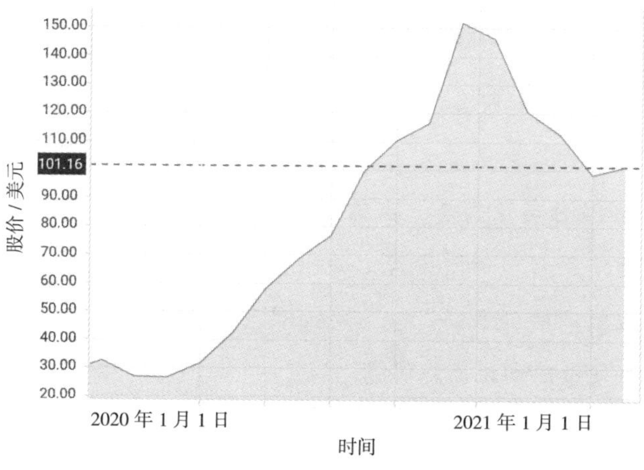

图 3–5 派乐滕股价走势

来源：整理自网站 https://cn.investing.com/equities/peloton-interactive-inc.

派乐滕商业模式的创新

2012 年，派乐滕以“将社群和精品健身带回家”（bring the community and excitement of boutique fitness into the home）为价值主张，在健身市场开创了新的公司事业。不同于传统健身房的目标客户人群，派乐滕的目标客户是更希望有弹性运动安排的人群，其价值定位主要是：希望不受时间和空间限制，在家中就能随时运动并得到指导的人群，同时为这些在家中运动的人群提供更多的互动交流、更多的乐趣氛围，避免家中独自运动的枯燥无趣。

派乐滕将硬件、软件和媒体内容结合起来，以“硬件 + 内容 + 社交”的深度融合模式，提供了不同于传统健身房的差异化的产品和服务。

在硬件层面上，派乐滕的单车和跑步机都很“酷”——配备了 23.8 英寸的超大高清触摸屏、摄像头和高品质扬声器，让使用者能够看内容，并能够轻松和其他人在线视频。而升级版产品“Bike+”和“Tread+”可以将大屏幕左右旋转，同时方便做瑜伽或哑铃训练。

在内容层面上，派乐滕提供了有吸引力的课程，因为精良的课程内容制作，它甚至被称为“健身行业的奈飞（Netflix)”。课程不仅涵盖跑步、单车、瑜伽、体能、力量训练等方面，而且还邀请了众多明星健身教练加盟，教练团队中有模特、前田径运动员、全国自行车赛冠军获得者等。派乐滕打造了一大批的网红教练，极大地吸引了消费者，增强了用户的黏性。

在社交层面上，派乐滕致力于提升用户满意度，从而增强用户黏性。派乐滕打造了自己的线上社区，用户能够随时随地和健身朋友互相交流和分享。此外，派乐滕为增加线上社区的热度和吸引力，还邀请了各行业的名人，包括前第一夫人米歇尔·奥巴马，著名演员漫威电影“金刚狼”扮演者休·杰克曼，艾伦秀主持人艾伦·德詹尼斯和短跑世界冠军博尔特等。

根据《纽约时报》等媒体的报道，用户普遍反映在家里上派乐滕的线上运动课反而更有参与感。有学员反馈，第一次在线上课，教练都能叫出很多学员的姓名，以及身体指标特征。此外，派乐滕平台还与脸书相互关联，学员能够很方便地识别出脸书好友，大家一起运动、加油。上课的同时，学员还能够查看班里其他学员信息，认识新的朋友。

在品牌推广过程中，为吸引用户的使用，派乐滕在全球范围内部署了多家线下体验店，以说服消费用户的加入。

派乐滕的“硬件＋内容＋社交”模式赢得了大量运动爱好者的喜爱和忠诚。根据发表于“砺石商业评论”的一篇报道，2017 年订阅者只有 10.8 万人，2018 年增长了 128%，达到 24.6 万人，2019 年订阅者数量达到 51.1 万人。每个订阅者平均每月使用次数 2017 年只有 6.1 次，而到了 2019 年最高达到 13.9 次。

派乐滕财报显示，当前的用户留存率高达 92%，而用户流失率只有 0.65%。

在这样的模式下，派乐滕能够为用户提供的主要客户价值是，能够让用户方便地进行锻炼，且能够长期坚持。用户能够更加灵活地安排健身；更重要的是，派乐滕通过硬件设备、订阅课程、线上教练指导和客户社群的建立，满足了用户的线上社交需求。

用户购买单车、订阅内容以后，不仅可以观看教练在派乐滕线下 Studio 直播的健身课程，还可以和其他“车友”联网，实时竞争排名，创造社群的氛围；在训练中，骑车者也可以给一起骑行的伙伴加油（“give me digital five”）。

派乐滕的收入模式

根据派乐滕的业务类型，现在采用的主要收费模式和盈利模式也可以分为硬件和软件两方面。

根据官方网站信息，派乐滕提供的硬件产品主要包括两类：单车和跑步机。单车的价格有 1895 美元和 2495 美元两档，前者为普通的 Peloton Bike，后者为 Peloton Bike+；跑步机基础款的价格为 2495 美元，如果搭配哑铃等其他健身设备，还有 2765 美元、2865 美元和 3065 美元三种选项。

为了降低用户的进入和购买门槛，派乐滕为大件健身器材提供最高达 39 个月的免息分期付款，这种方式极大地推动了硬件设备的销售。

它的软件订阅产品也分两种：一种是针对已有设备用户

的订阅服务，价格是39美元/月，用户可以享受更具个性化的课程建议、家庭内共享等权益；另一种"数字订阅"只提供线上课程，不需要有派乐滕硬件，价格为12.99美元/月。

根据财报显示的具体收入来源结构看，派乐滕收入占比最高的依然是硬件设备的销售，2020年财年的上半年硬件设备占比达到78%，其次就是线上订阅服务收入，这一部分在2020财年上半年收入规模为1.44亿美元，占比仅仅为21%。这一部分收入占比虽然远远小于硬件设备的销售，但是就增长来看，连续4年稳步增加，2017年这一部分占比还仅仅为15%（见图3-6）。

订阅服务费的持续稳定增加，能够保证派乐腾强大的盈利能力和稳定的经常性收入。

图3-6　派乐滕2017-2020上半财年收入结构

资料来源：根据wind，安信证券的研究数据综合整理。

由于派乐滕利用商业模式的创新，为客户“在线健身难以长期坚持且无趣”的问题，提供了独特的解决方案，派乐滕实现了客户价值，获得了客户的青睐，订阅量和订阅收入也迅猛增长，从 2017 年的 3250 万美元增长到 2019 年的 1.81 亿美元，年复合增长率达到了 77%。

2020 年美国新冠肺炎疫情防控期间，所有健身房关门歇业，人们进行社交隔离，然而在线健身派乐滕却获得了逆势的增长。根据公司的告股东书，2020 整个财年收入规模较 2019 年翻番，达到 18 亿美元，并在第四季度首次实现盈利，会员数量达到了 310 多万人。

小结

派乐滕利用商业模式的创新，将目标客户定位于家庭在线健身的用户，开辟了蓝海市场，并通过“硬件 + 内容 + 社交”的闭环模式设计，解决了家庭在线健身的痛点——无趣、无法长期坚持，提升了用户的价值。同时利用硬件设备的销售和内容的订阅服务收费实现了公司自身的企业价值。

价值画布是用来说明价值创新和差异化的非常实用的工具，我们可以借用本书中关于价值画布的说明，来描述派乐滕与传统健身房的价值差异。

图 3-7 是派乐滕与传统健身房价值画布分析。在价格方面，我们认为由于派乐滕高昂的硬件设备售价以及每个月几

十美元的订阅服务费，派乐滕的价格优势实际上不如传统健身房，但是在便利方面、社交效应、内容品质以及社区的吸引力方面，派乐滕都要显著优于传统健身房。根据图 3–7，我们可以清晰地看到在线家庭健身派乐滕相对于传统健身房的价值创新所在。

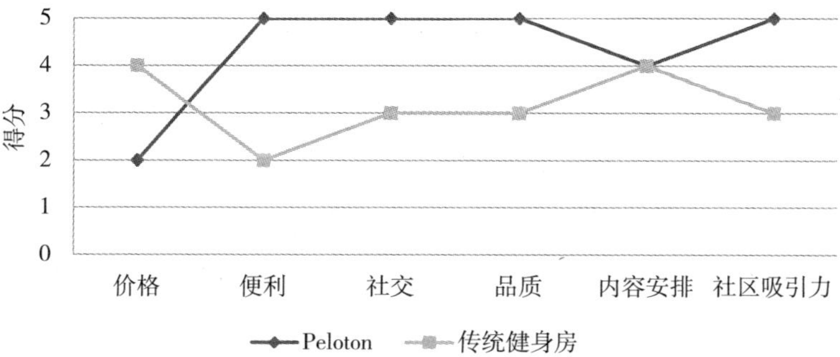

图 3–7　价值画布：解决方案与差异化

然而另一方面，在 2021 年 5 月 5 日，派乐滕与美国消费品安全委员会联合宣布，将召回已经出售的两款跑步机。根据之前的报道，这两款跑步机牵涉到一名儿童的死亡，70 多起的安全事故，以及触摸屏可能脱落的风险，随后其股价大跌 15%。商业模式转型期间，产品召回是企业发展面临的关键性问题之一，未来派乐滕将走向败将象限还是赢家象限？此次事件考验着派乐滕危机管理的应对能力。

软件终结者：赛富时

商业模式精要

1. 赛富时属于赢家象限，因为它不仅为自己创造利润，也为关键利益相关者持续创造价值。

2. 赛富时在商业模式的具体设计上有许多创新之处（见图 3-8）。首先，它改变软件的购买模式，推行软件订阅模式（subscription）。其次，它将复杂的软件分解、简化、标准化。这样，安装、学习、交付成本就降低了。再次，它把目标客户定在中小企业上。结合上面两个创新，中小企业成为它广阔的利基。

3. 赛富时善于利用社会资本，撬动更多的伙伴资源。它向头部客户的首选客户提供低价或免费的服务，扩大头部客户的上下游影响力，也扩大自己的生态圈。

4. 赛富时的社会责任模式给公司创造了一个开放的资源环境，能帮助公司吸收多种多样的社会资源。

5. 赛富时潜在的转型挑战在于如何服务好大客户。它的价值主张扩展到大客户时，可能会与现在的价值主张发生矛盾。怎样平衡和协调不同客户群的价值需求？这是它在商业模式转型中要面对的直接挑战。

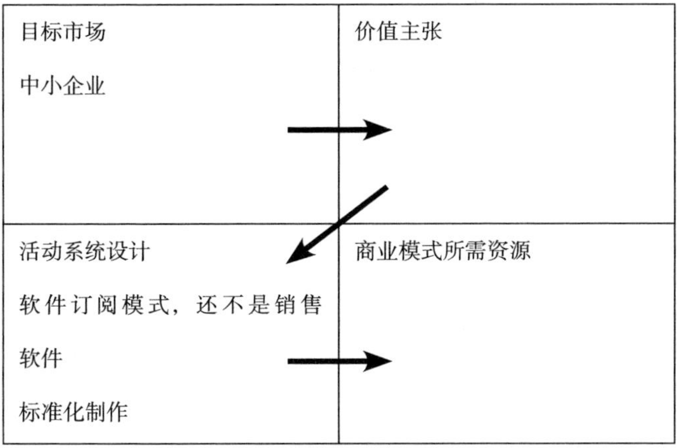

图 3-8　商业模式创新模块分析框架

案例概要

赛富时是全球知名的软件服务提供商，在 1999 年于美国旧金山成立，主要提供随需应用的客户关系管理软件（On-demand CRM）。

赛富时是最早将软件销售应用带入 SaaS（software-as-a-service，软件即服务）时代的公司，也正因如此，赛富时创始人马克－贝尼奥夫（Marc Benioff）将赛富时称为“软件终结者”，以突出赛富时商业模式与传统软件销售模式的区别。

在短短 4 年后，赛富时成长为全球规模最大的 CRM 随需应用软件服务提供商。

2004 年 6 月 23 日，赛富时成功在纽约股票交易所完成

IPO（首次公开募股），公开上市发行。赛富时在2000年推出首款CRM应用时仅有1500家客户，到2018年客户数量已突破15万家，实现百倍增长。

2019年赛富时在《财富》500强榜单中总排名240名，软件行业中位列第三，仅次于微软及甲骨文，年营业收入增长率稳定在25%左右（见图3-9）。截至2021年3月，自从IPO以来赛富时股价上涨将近100倍，总市值一度超过2000亿美元。在《福布斯》全球最具创新力企业排行榜上，赛富时也是连续4年排名榜首。

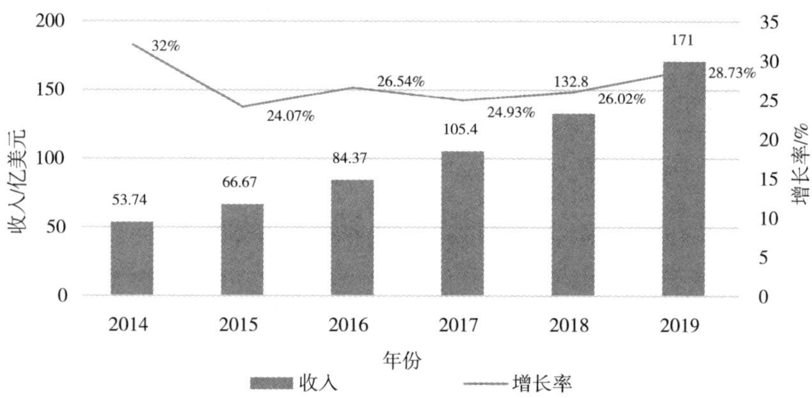

图3-9 赛富时营业收入及增长率

资料来源：综合整理自公司公开财报。

目前赛富时已经成长为集SaaS、PaaS（platform-as-a service，平台即服务）、大数据、人工智能于一体的综合性平台，其创新式云平台更是世界首屈一指的CRM解决方案。

在快速发展的过程中，赛富时也将“利用企业的发展，让世界变得更好”这一商业向善的经营理念发挥得淋漓尽致。不仅为社会做了大量公益奉献，而且通过社会公益创新模式，将“商业向善”的理念做到可持续化。

赛富时的成功可以归因于公司三大模式的合力：云技术平台、订阅商业模式（软件即服务，SaaS）以及社会公益创新（1∶1∶1模式）。

赛富时以每个月只需要几十美元的单位价格，服务超过15万家的企业用户，企业股价上涨超过100倍，是典型的赢家模式。

云技术平台

云技术平台是赛富时最为重要的一个创新活动系统设计，利用云技术平台它将外部不利的严峻竞争环境转化为对自身有利的研发资源。

随着SaaS供应商的增多，并且不断复制赛富时运营模式，如何长久地保持竞争优势，成为赛富时持续增长的重要挑战。

从CRM领域的在线订阅销售转换为所有SaaS供应商的基础技术架构平台，是赛富时商业模式重大的创新变革。而这一创新变革成功的关键就是其云技术平台的研发和落地。

赛富时Platform是云计算应用的一站式商店，其他SaaS供应商可以在这个商店构建、调试新的软件应用。

这个平台就相当于一个企业软件在线“超市”，用户可以自行选择购买那些可以即选即用的功能模块，然后在其用户名下的赛富时上运行，当然其中的大部分模块是由第三方SaaS供应商开发并独立提供的。第三方供应商可以通过这个平台销售自己的模块产品，当然第三方之间的竞争也会丰富赛富时上可供选用的应用模块，从而增强其软件的竞争力。客户能够借助于这个平台以更低的成本、更快的速度满足自己的软件服务需求。

云技术平台是一种典型的将市场竞争挑战转化为企业自身竞争优势，化不利为有利的商业模式。

在赛富时的网站上，可以看到无数的赛富时合作伙伴。这些合作伙伴包括企业信息化的各个方面，比如：商业智能、邮件系统、项目管理等等，这样的模式极大地帮助赛富时提升产品的技术实力，满足更多的客户的个性化需求，而且还能够从这些合作伙伴中共享到大量客户。

目前外部的一些开发商，包括IBM、微软、BEA、Sun、TIBCO、Miller Heiman等都在平台上一起服务于赛富时的客户。2010年CA科技——财富500强软件企业——也开始在赛富时的平台上进行运用开发。根据Mi Ji和Jee Eun Lee做过的一个统计，截至2010年10月，在赛富时的平台上已经有超过450家独立软件供应商开发了900多种运用。

当然一些希望独立发展的中小SaaS供应商们并不愿意接受赛富时作为他们的基础平台，他们认为“这是一项独占的霸道策略”。而像甲骨文等有着自己抱负的大型软件开发商更不可能放低身段将自己纳入赛富时平台。

订阅商业模式

赛富时成功的另一大因素就是其订阅商业模式，其通过目标市场的选择和定位，开辟了软件行业的蓝海市场。订阅商业模式下，标准化、透明化的定价机制和产品功能组合是赛富时价值支付和价值获取成功的关键。

传统的企业软件运营模式，也就是打包销售的 CRM 软件，主要是通过销售永久的个人使用许可，以及收取持续的更新和维护费用。这些软件基于用户环境，提前被设置调整好。为了让应用程序启动并正常运行，还需要花费额外的资金购买软件存取的台式计算机、服务器、网络组件以及移动设备等，还需要雇用专门的 IT 技术人员进行平时的维护等等。

在这种模式下，用户拥有软件以及内部的数据。软件销售企业能够根据用户的具体需求环境进行软件的重新设计和调试，当然这也就导致在安装落实中需要耗费大量的时间和金钱成本，对大部分公司而言，通常需要 18~24 个月的时间才能实现 80%~100% 的功能。此外，2~3 年后的更新也需要额外的成本。

Mi Ji 和 Jee Eun Lee 曾经做了一个简单的计算，2014 如果按照一个 200 人使用的 CRM 软件，使用周期为 5 年来测算，总成本将超过400万美元，而成本中的一半是用来落实和维护。更糟糕的是，这些耗资巨大的软件，并不能一直带来预期的收益，超过60%的CRM并没有起到理想的效果。

同时，供需双方的异地也加大了运维的难度，一旦发生重要数据丢失等情况，对用户来说损失重大。

因此，传统的软件一般都面对有着复杂需求和高昂预算的大公司，而对中小规模的公司并不适用。

而基于云计算技术和运用，赛富时在2000年发布了一个在线销售自动化方面的运用系统，也就是SaaS模式。这一模式将软件产品的销售转变为每年、每季度、每月的软件服务的提供，这些软件服务可以随时中止，也可以随时停止（见表3-1）。

表3-1　SaaS模式与传统软件企业价值创新比较

区别点	传统软件企业	SaaS企业模式
收费方式	Licence授权式、客户一次性支付完成：按产品和项目计费	订阅制：按需租赁，根据月、季度、年、用户数量等标准支付订阅费
价格水平	价格昂贵，通常高达数百万美元，阻挡了大量中小企业	单月价格便宜，中小企业市场容易拓展
使用方式	购买企业软件的同时，用户还需要购买相关硬件，配套使用	用户不需购买任何软件或硬件，直接使用
IT人员	用户需要专门招聘管理维护软件的IT人员	用户不需要招聘操作管理软件的IT人员
软件更新	用户必须花钱进行软件升级	用户可以直接免费升级最新软件版本
标准化水平	安全、稳定，能够实现个性定制化需求	标准化、半标准化，无法吸引大企业的注意

赛富时将它的主要目标市场放在有客户管理需求的中小规模企业，营销对象直接放在软件的最终使用者身上，比如销售人员，对使用用户直接赋能，而不是IT技术人员。这些企业由于资金实力有限，预算规模较低，很难花费巨资和长久时间来购买和学习管理软件，并且这些客户相对于美联航、沃尔玛等大型企业而言，对于企业数据的安全性要求也相对较低。

通过订购赛富时，这些中小企业用户避免了单独购买软件和计算机、设置系统和维持系统运行的费用与时间。不用雇用IT管理员，无须准备重大的前期合同。SaaS模式的这些特征，尤其适合中小规模企业，并且还可以避免更新费用。客户能够在任何地方任何有网络连接的设备上使用这一系统。客户不用支付软件的购买和维护费用，只需要支付每月、每季度、每年的订阅费。这些订阅费可以看作购买软件服务的费用。

根据赛富时公司官网，根据不同的内容标准，赛富时的云服务订阅费在25~300美元/月不等，热门商品订阅费为150美元/月。这种模式不仅节省了巨大的成本，而且能够帮助用户将时间放在更有价值的业务活动上。不同于传统软件的合同定价，这种标准化的、透明化的定价模式，是赛富时价值获取的重要手段。

作为最早提供CRM领域的软件服务企业之一，赛富时的产品用户在30天内就可以完整地学习并使用。

2020 年上半年财报显示，赛富时营业收入的 94% 以上来自 CRM 订阅收入，订阅业务毛利率超过 80%。

因为订阅模式的便利，赛富时吸引了大量中小规模的企业，根据公开的年报，赛富时的用户数量已经超过了 15 万。

但是对于大企业而言，这种模式吸引力相对不足。大企业对于软件的需求不同于中小企业，不仅需要专门的定制化，而且也更在乎数据的隐私和安全问题。而在订阅模式下，数据上传到赛富时的公有云平台，大公司对其数据隐私和安全问题有忧虑。

大企业对软件服务有着极为稳定的，并且规模更大的需求，大客户的加入对于赛富时的销售业绩提升和市场吸引力有着极大的帮助。因此，为了避免“赛富时仅适合中小企业”这样的市场印象，争取吸引尽可能多的大客户加入，赛富时在产品方面做了差异化，分成团队版本和专业版本（企业版本）。团队版本往往适合几个人的公司团队，而专业版本更适合数百人规模的企业需求。此外，为吸引大客户的加入，降低大客户软件使用的转换成本和学习成本，针对前五名头部客户，赛富时还给予了极大的优惠条件，比如低价或完全免费使用，以吸引这些头部客户的加入。

社会创新（1：1：1模式）

赛富时之所以能够持续快速发展，其商业模式成功的关键在于它的核心资源——无形资产，赛富时融入企业 DNA 的公益。

赛富时的客户是企业用户，作为一家公有云企业，赛富时提供的是在线软件服务，传统的软件销售模式下，数据是被存储在每个购买软件的公司的自身服务器下，而在赛富时的模式下，企业用户的数据都会被存储到赛富时的公有云服务器上。这对于尤为重视数据隐私和数据安全的企业用户而言很难接受。因此，要争取到这些客户的认可，赛富时必须在市场上树立完全可靠、可信赖的企业形象。

为了赢得用户的信任和关注，赛富时成立之初，创始人马克－贝尼奥夫（Marc Benioff）就将回馈世界作为公司发展的基因：利用企业的发展，让世界变得更好。为实现这一目标，赛富时成立了专门的基金会，利用1：1：1模式，也就是赛富时贡献出IPO前1%的股份、1%的产品和1%的员工时间到社会公益方面，保证基金会的持久运营。

1%的股份：也就是赛富时将IPO之前原始股份数量的1%转让到基金会，来支持社会公益活动。但这是一次性的转让，随着基金会业务的开展，这笔起始资金总有耗尽的一天。

1%的产品：为了保证公益事业的可持续发展，赛富时同意为公司的公益基金会捐赠或者是提供平价的CRM软件许可来帮助非营利机构提升数据管理和经营效率，以帮助这些机构更好地聚焦于核心任务。2011年5月，70多个国家1.1万多个非营利组织使用了捐赠或平价的赛富时客户关系管理软件。

1% 的时间：赛富时每年为员工提供 6 天的带薪时间，用于参与任何公益组织的志愿者活动。克里斯托弗·马奎斯（Christopher Marquis）等专门统计过，2009 年，85% 的员工都至少有一次公益活动参加经历，到 2011 年所有员工总计贡献了 25 万个小时的公益时间。

在这样的模式下，社会公益事业成功实现了可持续的运营。

总结

通过云技术平台，赛富时将竞争者转化为有利于企业自身的合作伙伴，而订阅付费模式开辟了蓝海市场，将软件产品的销售转化为软件服务的销售，这是用户规模快速增长的根本原因。

要想保证用户心甘情愿地使用订阅模式，将数据交到陌生人手中，确保这一商业模式正常运转，赛富时必须有完全可信赖的企业形象，这是最为重要的核心资源。这三大模块，层层递进，相互勾连，共同推动了赛富时的成功。

从长尾中获利的 Shopify

商业模式精要

1. 定位、定位、定位。商业模式设计的第一模块突出强调定位的重要性。Shopify 定位于服务中小企业，为它们提供一站式服务。

2. 恰时、恰时、恰时。Shopify 的商业模式也符合颠覆性技术的商业逻辑。它一般从低成本的替代开始，然后向高差异性的领域进军。放到 20 年前，电子商务和网络商场这样的颠覆性商业模式只能先由亚马逊和阿里发起。现在，网络市场环境逐渐成熟，高差异化的商业模式也就有了机会。因此，深刻理解技术性质，踩准入场入市时间是关键。

3. 试验、试验、试验。对于商业模式的收费设计，有通用的策略，但没有一用就灵的选择。从蓝图策略出发，不断试验，这是唯一的道路。经过不断试验，Shopify 确定软件服务费和订阅方式为主要收入来源。

4. 客户关系友好套牢。从“施主”开始，到“赢家”，企业采取不同的路线。如果在施主模式阶段能够建立牢固的客户关系，特别是那种客户不容易摆脱的互惠关系，这种关系能为企业成为“赢家”打下坚实的基础。Shopify 早期在为客户免费服务阶段已经收集大量客户信息。商业软件的学习成本比较高，黏性强。因此，施主阶段的投资有比较确定的未来回报，是成为“赢家”的基础。

5. 数字时代，独家垄断的商业模式很难存活。监管部门这一关就很难通过。完全竞争的市场也不会出现。网络外在性和信息经济学特征决定了头部企业有统治的优势。更多情况下，少数寡头垄断的市场是常态。因此，走后台支持路线的 Shopify 与亚马逊这样的前台电商也许可能平分网络商城的天下。

案例概要

借助大型电商平台是当前商户、企业开展电子商务业务的主要方式，电商平台通过为商户企业提供标准化的开店流程、营销推广方案，以及流量导入、支付、物流等，极大地降低了普通商户的电商运营成本。

但是仍然有部分企业希望远离平台，实现自己的独立发展，通过独立网站打造自己的专属品牌影响力。也就是建立自己的官网，不依赖电商平台，对网站的流量自主拥有、自主可控。这类企业，对自己官网的打造有着独特的差异化需求，电商平台统一的管理模式很难满足它们的这些个性化、差异化要求。这类企业从整体数量上来看规模庞大，是典型的长尾理论中的尾部。

根据长尾理论，只要整体规模数量足够大，有合理的供给机制，提供这类产品或服务的企业就能够在这些长尾市场上获利（见图 3-10）。

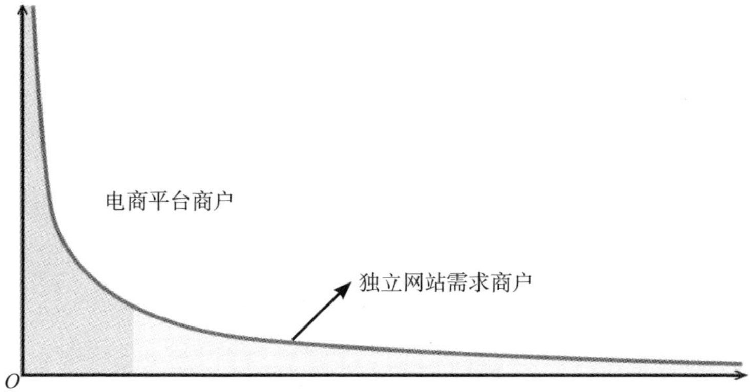

图 3-10 电商长尾市场

Shopify 就是专注于独立网站需求商户的一家电商服务商，其总部位于加拿大，主要是为不愿意依附于电商平台的各类企业用户搭建独立的电商网站，降低这些商户进行独立发展电子商务业务的技术门槛，同时 Shopify 还为用户提供销售界面设计、客户管理、支付管理、市场营销推广、物流等一站式的电商服务。

Shopify 于 2006 年正式发布，并于 2015 年在加拿大多伦多和美国纽约两个证券交易所同时上市。

根据 Shopify 官网信息，截至 2020 年，已经有 100 多万家商户企业使用 Shopify 平台提供的技术服务和支持建立了自己独立的网站渠道。

通过对电商行业中长尾市场的专注，目前，Shopify 已经成为加拿大市值最高的公司，截至 2021 年 3 月，Shopify 总市值为 1315.4 亿美元（见图 3-11）。

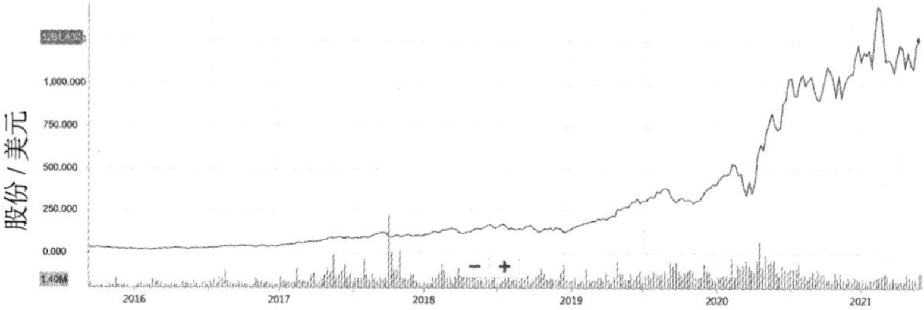

图 3-11 Shopify 股价走势

资料来源：综合整理自网站 https://hk.finance.yahoo.com/quote/SHOP/.

美国金融服务公司 R.W.Baird 称，就服务商家所产生的最终销量来看，Shopify 将成为仅次于亚马逊的美国第二大电商服务公司。Shopify 被《财富》杂志称为“隐形卖货机器”。

Shopify 的价值主张和目标客户

作为一站式电商 SaaS 平台，Shopify 的价值主张就是“让商业对每个人都更好”（make commerce better for everyone）。不同于亚马逊、淘宝、拼多多、京东等国内外电商平台，Shopify 能够帮助商户建立自己的品牌，帮助商家搭建自己的电商网站，让企业商户在发展中有着更多的灵活性和可控性，而不仅仅是在别人的电商平台上卖货（见表 3-2）。

Shopify 的用户能够选择自己的独立网站域名，用各种手段、从各种角度营销自己，比如视频、品牌故事、互动游戏等，而电商平台更像是一个标准化的大卖场，商户在统一装修和规划好的大卖场小格子商铺里售卖自己的产品，商户的客流量完全取决于平台的营销推广和商户购买的流量。

表 3-2 Shopify 与其他电商平台的对比

差异点	Shopify	其他电商平台
市场定位	网站建设的软件技术服务商	中心化的电商平台
流量分配	私域流量	公域流量，需要购买
数据	商家完全掌握	仅仅部分开放
品牌营销灵活性、数据可控性	高	低

因此，Shopify 的目标客户就是那些希望建立独立的运营网站，利用网站树立自己的品牌，能够独立地设计企业的营销战略，套用当前流行词，就是获取自己的“私域流量”的企业客户。传统电商平台下，商户只能被动地去平台方购买流量，有着统一的客户管理模式和界面模式，很难发展自己的品牌影响力。

根据媒体报道，中国外贸企业在走向海外的过程中，只有借助于更好的内容、与消费者更直接的互动、更好的品牌体验，才能真正获得客户的认可，而由于第三方平台的局限性，很难打造出品牌效应。Shopify 当前正在成为众多中国外贸企业搭建和运营自己的独立电商官网的首选。

Shopify：从施主象限到赢家象限

Shopify 从 2004 年创立至今，经历了多次商业模式转型。总体而言，它经历了施主象限和赢家象限。

2004—2008年：给小商户提供电子商务工具

2004年，Shopify的创立人托比亚斯·吕特克（Tobias Lütke）和斯科特·莱克（Scott Lake）感觉市面上的系统——Miva、OsCommerce和雅虎商店都非常难使用，于是秉持着“工具应当容易使用且有趣”的理念，推出一家在线滑雪板销售商店网站Snowdevil，并在2004年的滑雪板装备销售季中获得了丰厚利润。不过，Lütke和Lake在这段经历中发现，他们更有兴趣帮助其他商家也获得在线销售的机会；于是他们搁置了Snowdevil，重新专注于创建一个可以帮助人们建立自己的网上商店的产品。

2006年，Lütke、Lake和他们团队的新伙伴Daniel Weinand正式推出了Shopify，作为一套商家可以用来建立自己网站的工具。最初的产品帮助商家建立了可定制的商店模板，在RSS流中跟踪订单，以及自动化库存组织。其还包括了一些基础的但也是最基本的功能，比如上传图片、添加标签和对商品进行分组。付款可以通过PayPal或信用卡处理器集成处理。

在这一阶段，Shopify还处于施主象限当中——提供了不错的客户价值，核心的竞争力是能提供简单、好用的基本工具，主要的客户群体是从来没有在网上卖过东西的个人；但是公司还没有形成稳定而可持续的盈利模式，收入增长相对缓慢。虽然他们有付费客户，但公司每个月的收入仅在8000美元左右，企业价值相对不是很高。同时，这一阶段获客渠道相对较窄，客户群主要是一些Rails社区成员和Weinand圈子里有设计意识的人。

可以想见，如果不能从施主象限转型到赢家象限，Shopify也很难继续维持下去。

2007年对Shopify来说是一个转折点，公司对收费策略进行了一次非常重要的调整。

在此之前，Shopify的收费策略是交易抽成，商家通过Shopify建立网站后，每进行一笔交易，就要按照交易额向Shopify支付一定比例费用。很多商家对此并不满意。

针对这种情况，Lütke和合作伙伴改为主要按照服务时间收取订阅费。定价模式的转型让Shopify的企业价值大大增加了。到2008年，公司的MRR（Monthly Recurring Revenue，每月经常性收入）达到了6万美元。根据公司的官网，Shopify首次可以提供14天的软件服务试用期，之后按月收取订阅费，根据产品功能的不同，月费在9美元到299美元不等，当然针对大型的用户，Shopify还能够提供更具有个性化定制的Shopify Plus设计方案。

Shopify专注给第一次在网上售卖东西的卖家提供所需的基本构件，包括追踪订单、管理库存、基本功能模块等，并且还提供了广泛的常见问题页面，帮助更多新商户卖出商品，大大降低了Shopify用户的门槛。

到这个时候，Shopify从施主象限过渡到了赢家象限，也为商户提供了简单好用的工具。但是，它并没有止步于此，而是进一步通过商业模式转型，实现了从工具到平台的关键转变，在给客户提供更多机会的同时，创造了更大的企业价值。这些就是Shopify在2009—2013年做到的事情。

2009—2013年：从工具到平台/社区

2009年，Shopify开始了向平台化的转变，发布了API（application programming interface，应用程序接口）平台和应用商店。

Shopify的创始人意识到，电子商务是高度个性化的，每个商店都希望提供独特的购买体验，但功能过多会使软件变得烦琐和难以使用。Shopify API解决了这一问题，允许商家安装需要的功能，而合作伙伴可以通过为这些商店开发优秀的应用程序来获得经常性的收入来源。通过丰富App生态，让第三方合作伙伴深度参与App开发，Shopify也可以与生态伙伴分成，利用App为平台赋能的同时，自己也取得额外收入。

到了2013年，Shopify已经创建了一个应用生态系统和开发者社区，为客户创造了巨大的价值。根据Shopify自己的统计，目前有超过2万名应用程序开发商和代理商合作伙伴，他们提供各种个性化的软件系统开发服务，甚至包括会计和税务等。平台化的运营，不仅增强了Shopify的产品竞争力，而且多样化的服务不断吸引了新用户的加入。

2014 年至今：通过持续地创新，扩展到线上商店之外

2013 年，Shopify 发布了 Shopify POS，为实体店销售的商家提供店内和线上库存同步、开箱即用的信用卡处理和报告。

2014 年，它推出了 Shopify Mobile，允许商家在零售店中用手机作为第二个收银台接受支付。

2015 年，它推出了“购买按钮”；同一年，Shopify 在平台上添加了 Multichannel Shopify，让商家可以管理多个渠道的销售。

2017 年，它推出了 Shopify 二维码，购物者可以直接访问商家在线商店中的商品。

Shopify 的价值占有和获取方式

不同于之前关于电商平台收入来源的分析，Shopify 的收入主要来源于软件服务的订阅费。除此之外，Shopify 还通过商户服务来让企业盈利模式多元化。通过为客户提供包括支付、物流、融资、物流、税务、会计等增值服务，切入到更深层电商价值链的分享中。图 3-12 是 Shopify 的收入来源构成，为商户提供的融资、物流、税务等增值服务带来的收入占比越来越高。

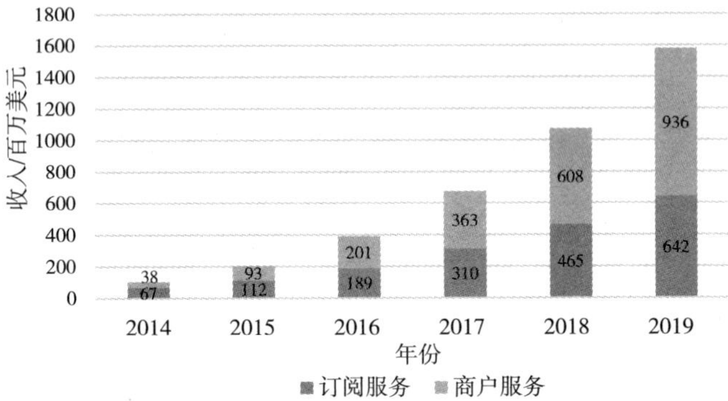

图 3-12　Shopify 的收入来源构成

资料来源：根据公司公告以及中金公司研究报告综合整理。

小结

总而言之，现在的 Shopify 经过了几次商业模式转型，仍然维持在赢家象限，也就是实现了客户价值和企业价值的双赢。它能为客户提供不同层次、不同价格的订阅计划（见图 3-13），多渠道的前端和统一整合的后端，可靠的企业级架构（平台具有较高的稳定性与可靠性），先进的数据分析工具，丰富的生态 App 应用，以及平台和社区——它提供了较好的客户价值。同时，它也通过订阅服务和商户服务“两端发力”，建立了多元化的盈利渠道，有较好的盈利模式和发展空间，实现了企业价值。

图 3-13　Shopify 针对不同规模的商户提供多种订阅计划

资料来源：根据 Shopify 官网、中金公司研究报告综合整理。

4

全球化商业模式

在这一部分，我们将讨论可扩展的全球商业模式的基本概念。这些概念和框架将帮助你设计调整商业模式。对有些企业而言，生来就是国际企业，例如出生芬兰的诺基亚和韩国的三星。有些企业，无论如何，只有进入国际市场才能在国内市场发展壮大，例如海尔开拓国际市场的一个重要原因是树立在国内市场的国际品牌形象。对大多数中国企业来说，全球化是艰难却不得不选择的方向，因为在双循环的政策指引下，国内市场和国外市场的边界越来越模糊。总之，一旦创业阶段的商业模式初具规模，企业就要开始思考发展阶段的全球化商业模式。它也凸显了本章的重要性。

可扩展性和全球扩张的能力是全球商业模式的基本特征，这些基本特征是在设计商业模式的主要组成部分时必须认真考虑的。从根本上来说，这将决定你的企业规模最终的大小，也就是说这些将会决定你的企业最终是小型家族企业还是大型跨国公司。

可扩张性商业模式 vs 不可扩张性商业模式

从最基本的商业模式的微观特征来说，商业模式分为“可扩张性的”和“不可扩张性（有限规模）”两类（见图 4–1）。它们有什么区别呢？

可扩张性的商业模式有以下特征：随着企业服务越来越多的客户，为每个客户提供服务的边际成本将会逐渐下降。也就是客户数量越多，就客户获取成本、商品销售的成本而言，平均分摊到每个客户上面的成本将会越低，这正是可扩张性商业模式的意义所在。这意味着你的客户越多，公司的营业利润率就会越高。想想脸书、谷歌，它们的客户越多，那么客户分摊的费用就越低。结果是，随着用户数量的增加，它们的效率正在变得越来越高。

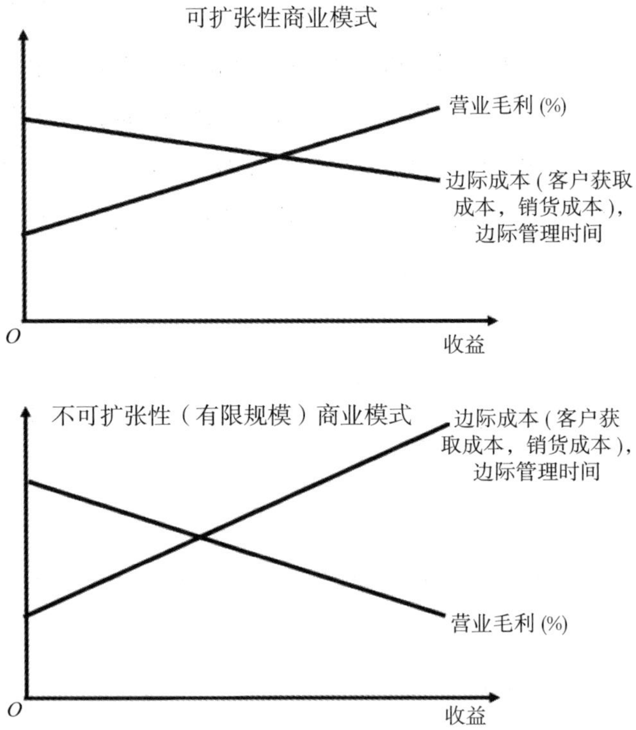

图 4-1　可扩张性微观经济学

而不可扩张性（有限规模）商业模式是指边际成本不断上升的商业模式。在这种商业模式下，随着企业所服务客户数量的增加，平摊到每个客户的服务成本将会越来越高。所以，那些问题最严重或者有最迫切需求的客户会首先尝试你的产品或服务，然后才是其他客户；而为了获取这些剩余其他客户，你将不得不在市场营销和广告推广方面投资更多的资金以说服他们。因此，为了获取新的客户，你需要支付更高的获取成本，这样的商业模式一般来说就是有限规模的商业模式。此外，你的产品或服务成本也可能会随着客户的增加而增加。比如，你依赖的是非常独特的原材料，而且非常昂贵，随着客户数量的增加，使用的其中一种原材料的成本就会越来越高，因为你不得不在全球范围内寻求获取这种材料的地点。另外一个例子，有机食品刚刚出现时，因为生产有机食品原料的土地有限，并且受到许多食品监管和认证的限制，供给不足。因此，当大量超市都开始推销有机食品时，原料价格受供需关系影响而不断上升。这时，客户成本跟着上升，最终限制了有机超市的扩张。

所以，在有限规模的商业模式中，客户越多，服务客户的单位成本会越来越高，这也意味着你的营业利润率将会逐渐下降。但这并不意味着你不应该经营这个业务，通常我们需要通过数学模型来估计这类商业模式的最佳规模。

世界上没有完全可扩张的商业模式。即使像脸书这样有了 20 亿的用户数量、效率越来越高的公司，也不能实现完全的可扩张。对于那些根本不愿意加入脸书的人或保守派，脸书更是无能为力。为获取这些客户，获客成本将会立即上升，这就是脸书的商业模式规模限制。但在这 20 亿客户量之前，我们可以将脸书的商业模式视为完全可扩张的。

可扩张性和不可扩张性商业模式之间的差异决定了企业规模的大小。我们也可以通过可变成本来区分可扩张性和不可扩张性的商业模式。

可扩张性的商业模式通常依赖低可变成本。它们试图保证为每位顾客提供尽可能便宜的产品服务。当然，最理想的情况是零成本。通常来说，创业者需要进行巨额前期投资，这将产生高昂的固定成本，但随着客户数量的增加，前期投资会得到折旧和摊销。在杠杆效应下，将会实现非常低的单位可变成本。

而不可扩张性（有限规模）的商业模式通常有很高的可变成本，当然它们也可能有高固定成本，但关键在于客户数量的增加不能摊销前期成本，反而仍然会带来单位可变成本的增加。

让我们来看看一些典型的案例。

不可扩张性（有限规模）商业模式的一个例子是传统的面对面教育。一间教室只能容纳固定数量的学生，所以一个班只能有三四十个学生。如果想要接收更多学生，就需要建造另一个教室，这样的结果就是单位可变成本将会非常高。除此之外，一个老师教授 40 个学生，可以实现较好的授课体验，但如果想在增加学生数量的同时保证教学质量，还必须进行额外的投资，最终，每个学生的可变成本将会急剧上升。我们如何使这个商业模型可扩展，如何实现教授 40 万学生，甚至 400 万学生？答案就是大规模在线开放课程的商业模式——mooc（慕课）。首先需要投入大量的资金来开发高质量的 mooc 平台，一旦完成平台建设，可变成本基本上将会是零。实际上，mooc 的每个客户的可变成本几乎都是零。所以 mooc 就是一个很好的例子：从不可扩张性

（有限规模）的商业模式到可扩张性的商业模式。

当然，这两种模式下提供的产品或服务是不同的，它们并不具备完全的可比性。但是尽管如此，我们仍然需要去考虑如何建立可扩张的商业模式。此外，可扩张的商业模式贯穿始终的原则是：客户的获取成本一定要低于客户全周期的价值，并且在可预见的未来，你的客户获取成本会随着收入的增长以及客户数量的增加而不断降低。想想脸书和谷歌。随着使用脸书或谷歌的人越来越多，它们客户的获取成本也将会一直下降，直到某个临界点之前。

另一方面，不可扩张的商业模式，它们的客户获取成本相对比较稳定，并且是随着客户数量增加而增加的。以牙科诊所为例，当你决定开一个牙科诊所，你可以很容易地获得一批当地的客户，比如说500人。但如果你想要更多的客户，需要吸引来自其他地区的人，你的客户获取成本将会立即上升。所以牙科诊所是一个典型的不可扩张（有限规模）商业模式。当然如果有多达500人的客户量，它也可以是非常赚钱的。但是要获取更多的客户，你将需要花更多的钱去吸引来自其他社区的客户。

为克服牙科诊所的有限规模约束，一些富有创业精神的牙科医生试图建立有品牌影响力的连锁店。可是，他们马上遇到牙科医生专业水平不一致的问题，品牌背后的质量保证很难维持。此外，牙科诊所都有一个地理服务半径。病人一般在自己的工作和居住社区10公里范围内选择医生和诊所。这样，品牌影响效果就打了大折扣。

但是早期牙科医生的失败并没有打消后来创业者的热情。他们调整了牙科诊所的价值定位，主要推销牙齿周期性清洁保养和牙齿矫正。

这两项服务的质量稳定，能标准化，可变成本稳步降低。而对于疑难杂症，新型连锁品牌店用外聘的方式空降专家来店里会诊。毕竟，后者出现的概率比较低。不需要在每个诊所都雇佣高水平的专家。如此，牙科诊所品牌连锁的商业模式也就建立起来了。

我们说这个例子，是要突出商业模式创新中的一个特征：别人失败的模式不一定没有价值。深入思考价值主张，调整常规化活动，失败的模式也可以成功。

可扩张的商业模式是可教的、标准化的操作。想想那些大规模的在线开放课程。对于这类课程的学生来说，没有独特的方法来获得精品化教学。每个人得到的都是一样的：标准化操作和自助服务。而另一方面，不可扩张的商业模式依赖于教师的教学，每个学生都可以得到个性化的服务。

回到刚刚提到的牙科诊所衍生出来的规律，在线教学和面授课程也不是绝对的两极。疫情发生后，我们学校都是走线上教学的模式。后来，我们开发出混合模式：部分线上，部分线下。混合模式帮助我们利用两种模式的优点，避免缺点。实践证明，混合模式允许扩大班级学生人数的同时，能仍然保持面授课程的质量。由此可见，我们要不断用商业模式四个模块反思创新的可能性，并且不断寻找改变和创新的方法。

总而言之，可扩张商业模式的例子有软件、互联网业务、社交网络。而不可扩张的商业模式，主要就是传统的专业服务，例如咨询或会计，甚至精品餐厅等（见表 4–1）。

表 4–1　可扩张性商业模式 vs 不可扩张性（有限规模）商业模式

区别点	可扩张性商业模式	不可扩张性（有限规模）商业模式
成本结构	每单位变动成本较低（每单位销货成本占每单位价格比例较小） 固定成本高，善用资源	每单位变动成本较高（每单位销货成本占每单位价格的比例较大） 固定成本低 / 高
客户获取成本	客户获取成本 < 客户生命周期价值，客户获取成本随着收益上涨而下降	客户获取成本 > 客户生命周期价值，客户获取成本相对稳定或者随着收益上涨而提高
细分市场	应对不断增长的细分市场	应对成熟的细分市场
标准化 & 个性化	可教学的、标准化的操作、自助服务	难学、不标准的操作、个性化服务
主要案例	软件、互联网业务、社交网络	传统的专业化服务，餐厅

如何从不可扩张性商业模式转变为可扩张性商业模式

那么，如何从不可扩张性商业模式转变为可扩张性商业模式？

有几个典型的方案。

第一，可以投资平台。将不可扩张商业模式转变为可扩张商业模式的原理是：必须采用可变成本占收入比率比较低的产品或服务。所以，你必须尽可能降低获取客户的成本，把商品的销售成本降到几乎为零。一个典型的方法就是先投资一个巨大的平台，这样就可以为每一位客户提供接近零成本的服务。

第二，将产品服务或运营标准化。思考一下麦当劳和高端餐厅的区别，麦当劳的经营是标准化的，不需要训练有素的厨师就可以完成。为了达到完全标准化这个目的，未来这些位置甚至会被自动化。而如果我们谈论的是高档餐厅，它们没有标准化的运营，产品数量也没有麦当劳那么多，每件工作都需要多年的经验才能做好。从高端餐厅模式向麦当劳模式的转变就是一个从不可扩张的商业模式向可扩张的商业模式转变的例子，或者说是一个基本的系统，它将一切潜在的生产要素联系起来，让其他人为你的商业模式的发展贡献力量。

第三，低成本营销也是可扩张商业模式的一种工具。

扩张一种商业模式通常意味着在最初的利基市场占据了主导地位。在利基市场占据主导，并且进行试验，找到可扩张的内容，才能以同样的商业模式扩张到其他部门或其他地理区域。这里我们也需要讨论开始创业和扩大创业规模之间的区别。

创业，是天使投资发挥作用的地方，天使投资为创业者商业模式的落实提供资金。从本质上来说，创业和扩大创业规模的关键都在于在其他市场、其他地区扩大成功的工作和商业模式。风险资本会投资数百万美元来帮助你成功开始一个工作和商业模式，在这之前，风险投资将首先尝试找到一个可行的商业模式。此阶段，我们强调的是市场地域范围、资产开发、知识产权、产品服务、品牌、关系等。但这是你尽可能地用有限的资源所能实现的一切。

另一方面，当我们讨论如何扩大规模时，我们更关心如何发挥现有资产的杠杆作用。我们需要不断地在合作中、在知识产权方面和品牌方面发挥这些作用。

总而言之，开始创业的阶段，我们应当通过快速的商业模式迭代来保持企业和业务的精益，使它尽可能便宜。而且，无论是否扩大规模，都需要对工作和商业模式进行标准化和提高执行效率。这和单纯地复制商业模式、扩大在不同地域的市场存在差异。

商业模式的全球化扩张

现在我们需要讨论一种具体的商业模式扩张方案：地理扩张。

如果你的公司可以在多个地区运营，我们说这就是全球商业模式。商业模式的全球化会增加业务的复杂性，在一个国家做生意已经很难，再加上跨境问题和文化问题，很容易造成失败。那么，企业为什么要走出国门呢？是什么因素让企业决定进入国外市场？

首先就是为了获取新客户。如果扩张范围，你可以快速增加客户的数量；或者如果你在以色列这样的小国开设企业，那么你需要从一开始就考虑全球市场。

其次，全球扩张是为了实现低成本和规模经济。客户数量的增加，不仅能够帮助你的企业实现规模经济，而且还可以让你把生产放在低成本地区，降低生产成本。

再次，全球扩张可以提升公司获取国外市场资源的能力。我们可以看到，中国公司正在硅谷开设技术研发中心，而来自硅谷的公司也正在中国上海开设新的企业，以获得其他市场的资源，以便未来能创造更大的竞争优势。

最后，更大的市场也帮助公司分散了各种风险，所以如果母公司所在国出了问题，例如发生了经济崩溃，而其他国家实际上可能状况良好，那么企业经营所面临的风险就可能得到的一定程度的对冲。

但企业走出国门的最重要原因，是利用自己的能力，实现自身资源的杠杆化运用。例如，你正在开发一个新的操作系统，开发这个操作系统要花费你 20 亿美元，而你已经投入了巨大的前期成本，为了把这个管理费用分摊到尽可能多的客户身上，你一定会急切地希望尽可能广泛地销售它。此时，如果你拥有的资源能在其他国家发挥作用，你会认真考虑开拓国外市场的。当然，品牌是很难杠杆化利用的，你必须在每个国家重新建立自己的品牌。但是当前阶段，你需要知道怎么做或者有哪些新技术可以利用，来实现资源的杠杆化运用。

总而言之，公司走向全球有各种各样的原因。但通常最重要的一点是开发核心竞争力和杠杆化的资源利用（见图 4–2）。

思考扩张，我们都必须回到下面的问题：我们公司业务的杠杆在哪里？支点在哪里？

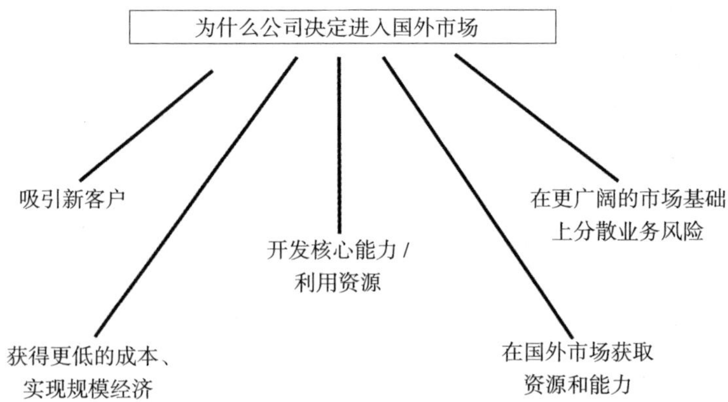

图 4–2　全球商业模式

全球商业模式的设计

我们在前文总结过了商业模式设计的四个模块，现在让我们看看怎么把四个模块与全球商业模式相结合。当然，要建立一个成功的全球商业模式，你不一定需要拥有四个模块的全部内容。但你拥有的资源、内容越多，你的公司在全球范围扩张成功的可能性就越大。

（1）目标行业

首先，跨国公司开创时的国内市场通常比较小。如果在中国或美国开设一个公司（这当然不会是一个劣势），很有可能在接下来的5到10年里，你会先想办法向全国扩张，而不会过多考虑全球扩张。如果你在以色列开公司，你从一开始就必须考虑如何进入全球市场。

此外，跨国公司通常会通过特定的产品和服务专门进入某一利基市场。在这些利基市场，消费者往往会有非常突出的、急迫的问题和需求，如果你向全世界的顾客提供这种产品和服务，这些消费者会主动上门购买你的产品。一个典型的例子是，如果你发明了一种治疗罕见病的药物，这肯定是全球客户的利基市场。需要这种药物的全球买家会主动排着队从你这里购买。

（2）利益相关者的价值主张

在全球商业模式下，利益相关者是分散在国际上的专家用户，也就是说，他们确切地知道自己想要什么或自己需要什么。因此，你不必为了向他们解释你有办法解决他们的问题而在全球市场上投资数十亿美元做营销。

选择国外市场用户时，注意顾客是否有着相同的偏好，顾客的价值主张是否一致。如果是，你再思考，我们是否能够灵活适应当地特点。如果是，你再思考下一个问题：如果你确实需要做一些调整，你是否可以很容易地以低成本来调整。如果上面的三个回答都是确认的话，恭喜你找到了新的国际市场客户。

（3）活动系统的设计

在设计全球商业模式的活动系统时，你需要注意以下几点问题。

首先，全球商业模式通常要求我们避免频繁地调整营销组合。你应该提供营销信息，采用一致的推广手段：使用低成本的沟通和交付手段。

其次，你应该生产服务、低物理重量的产品或者不易腐烂的产品，并在低成本国家进行生产。

再次，一个全球性的商业模式需要最少的售后支持。举个例子，如果你是在加拿大内地生产产品，面对的是东南亚的客户，销售需要太多售后支持的产品会提高你的运营成本，也可能会因为难以及时提供售后支持而降低客户满意度。

最后，一个全球化公司的想法通常是针对适用于国外市场的创新，他们会投资很多钱来开发新产品，现在，他们需要把这笔开发费用分散到尽可能多的客户身上。

（4）业务模型资源

这里的关键是避免专属于企业所在地的地域限制。所以你要依靠的资源是不专属于你的国内环境。这主要指的是教育、经验、创始人的国际关系。诚然，全球公认的品牌和声誉肯定会有所帮助，但是，与一种独特的可以在世界范围内应用的技术相比，它更受地理位置的限制。如果你的公司在加拿大很有名，这并不意味着你的公司在美国就会出名。

全球可扩张的商业模式依靠的是创新的产品组合、技术和独特的、可应用于任何地方的有价值的知识。

最后在设计全球可扩张的商业模式时，我们需要针对每个国家市场的文化、习俗、消费习惯等进行个性化的定制，以配合当地买家的口味和偏好，但另一方面可扩张的商业模式在实施中，要求我们制订出一个尽可能在全球范围内提供标准化产品 / 服务的战略。这是一个战略平衡的问题。

进入国际市场的战略选择

如果你在设计商业模式的起步阶段，就想让它在全球范围内扩张，那么进入国际市场有哪些战略选择？

一般来说，我们可以从国际贸易理论出发，谈谈进入国外市场的一些方法。

首先就是货物和服务出口。这种策略对于资本的要求相对较低，同时可以直接利用现有的生产能力实现规模经济，不用担心再投资的风险和渠道风险。但是在某种程度上，这对于大多数企业也有一定难度。这主要是因为，通常来说，大重量产品以及需要很多售后支持的产品等都是相对比较难进行出口交易的。此外，这种策略的实施，还需要当前的生产维持着一定的成本优势，以及必须承受汇率变动风险和关税壁垒，甚至是渠道控制丧失的风险。因此，公司的出口一旦已达到全球扩张的极限，如果它们想进一步扩张，需要做好其他事情。

其次，有些公司实施的是海外特许经营战略。特许经营就是允许其他企业从你的品牌、技术中获益，但它们会支付给你一笔权利金来进行质量控制。这是个好方法，资源要求程度最低，并且扩张速度最快。星巴克或麦当劳就是这样在全球扩张的，这在某些情况下是可行的。但是这种战略下，你也必须承受生产技术、管理经验等外溢扩散的风险。

可以在国外建立子公司。你可以从零开始，或者收购一家外国公司，然后把它和你自己的公司合并。这种策略能够帮助你最大限度地掌控国外市场，同时规避相应的市场进入壁垒。但收购外国公司的问题是，你通常不得不为它支付溢价，因为它的创始人或所有者非常清楚公司的价值。另外，你将会遇到将外国公司整合到你的公司组织中的所有管理组织问题。

此外，通过绿地投资模式，从零开始，这种方式固然能够帮助你维持对企业最大限度的掌控，并帮助你学习和适应本地市场，但是你可能会失去最佳的进入市场的时机。

最后就是，一些企业为实现全球扩张，特别是高科技公司和初创公司，最近以来所做的最典型的事情就是与外国公司建立战略联盟或合资企业。这种策略同样也能够以最低的成本规避掉市场进入的障碍壁垒，在实现资源共享的同时保持自身的独立性。但是这种模式下，企业还需要克服文化和语言沟通等合作方面的障碍，同时需要注意保护企业专有技术或竞争优势，解决联合控制的问题。

要想更深入地了解国际商务领域需要更多的讨论。在本书有限的篇幅中，不能穷举详尽，但我们必须了解有这些选择。

案例

抖音（TikTok）的全球化

商业模式精要：

1. 21世纪全球化扩张的商业模式关心四个要素：固定成本、获客成本、细分市场价值以及地缘政治和文化冲突。

2. 如果全球化可以摊薄固定成本，那么扩张。

3. 如果在全球化过程中，获取客户的总成本能持续下降，那么扩张。

4. 如果全球化能带来多样的细分市场，并增加市场组合的总体价值，那么扩张。

5. 全球化必然遭遇地缘政治和文化冲突。商业模式中的系统组织活动应该包括政府关系和社会价值推广的设计。

6. 抖音全球扩张符合三个要素。同时，抖音也要做好准备，应对地缘政治和文化冲突的挑战。

7. 抖音的全球化扩张经历给其他中国企业带来宝贵的间接经验。它们值得深入研究。

案例概要

我们在之前案例部分中介绍了移动自媒体的盈利模式，这一部分我们将通过对移动自媒体典型企业代表抖音的案例，说明全球化扩张模式。

抖音是中国科技公司字节跳动下面的一个短视频分享、记录的社交平台。2016年9月抖音在中国上线，仅仅不到8个月的时间，在国内发布的同时，字节跳动也开始了国际化的进程。2017年5月，字节跳动上线了国际版本TikTok。上线后的抖音，迅速获得了广大年轻用户的欢迎和喜爱。

抖音符合我们全球化商业模式的典型特征：接近于零的用户边际成本。抖音的用户边际成本几乎为零，是天然的可扩张商业模式，用户规模越大，它的利润率水平将会越高。国际化的扩张能够帮助抖音获得更广阔的市场，以更低的成本吸引新的用户的加入。同时国际化扩张还可以帮助抖音利用国际资源，开发核心能力。抖音是一种典型的众包+社区模式，它的核心资源能力就是它的用户以及内容创造。抖音对国外用户的扩张和吸引可以帮助增加社区的内容丰富度和吸引力。字节跳动CEO张一鸣提出公司的愿景就是：全球创作与交流平台。

作为中国国际化最成功之一的App，根据抖音发布的官方通告，截至2018年7月上线短短一年多的时间里，抖音全球活跃用户数量超过了5亿。而来自第三方市场数据机构App Annie的统计，抖音已经覆盖了超过全球150多个国家和地区，就下载量而言，抖音已经远远超过全球知名的移动社交软件脸书、Instagram（照片墙）、YouTube等，位居全球下载榜首。在日本等国家，抖音成为当地主流的App。

抖音在全球化成功扩张的同时，也面临着在各国被禁和控诉的危机，可谓是戴着镣铐跳舞。这一部分，我们将借助于抖音的案例，说明中国企业全球化扩张的路径以及主要的应对挑战的方法。

抖音的国际化进程

抖音的国际化有多成功？以下数据能够直接说明。

抖音海外版TikTok在东南亚的印度尼西亚、泰国、越南上线后，立即成为当地最热门的App，随后在韩国、日本，乃至德国等欧美国家，也迅速登上下载榜首。

根据公开报道，上线不到1年，2018年1月，TikTok在泰国登顶App Store总榜，同年5月，TikTok在越南安卓和苹果应用商店双双拿下总排行榜的冠军，到2018年11月的时候，抖音对外公布，全球活跃用户数量超过了5亿，而同期国内只有1.5亿活跃用户。

2019年12月，TikTok在全球的App下载量上，超越全球性的社交软件Facebook。

其实在2020年1月，TikTok就已经超过WhatsApp，成为全球下载次数最多的App，而在疫情的催化下，TikTok的下载量更是迅猛增长。根据Sensor Tower的统计数据，2020年第一季度，TikTok在苹果应用商店和安卓应用商店的总下载次数超过了3.15亿，这还不包括中国的第三方应用市场下载（见图4-3）。其中印度、中国和美国是下载次数最多的国家，分别占比30.3%、9.7%、8.2%。Sensor Tower的数据显示，截至2020年5月，全球总下载量超过了20亿。其中中国区大概在2亿次，而海外在18亿次左右。海外下载量是国内的9倍。

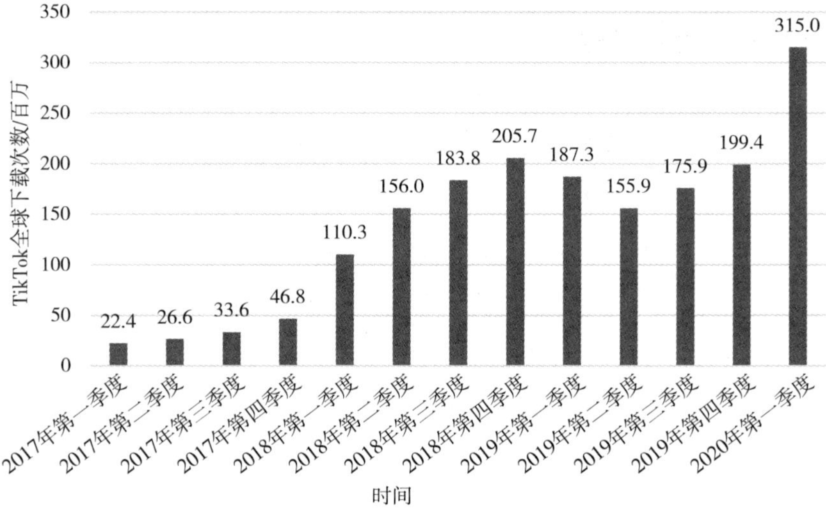

图4-3　TikTok全球下载次数

注：该数据不包含在中国第三方安卓商店下载数据。

资料来源：根据SensorTower.com统计数据综合整理。

在收入方面，TikTok也取得了不错的成绩，根据Sensor Tower的数据，2020年6月，TikTok在非游戏应用领域成为全球收入最高的App，用户支出规模达到9070万美元，是2019年同期的8.3倍。

抖音的国际化扩展战略

根据抖音的国际化进程介绍，可以看到抖音的全球化和国内的发展几乎是同时的，在2016年9月国内版本上线后，2017年5月国际版本TikTok也开发上线。TikTok几乎和国内版本有着完全一样的功用，比如同样的视频特效技术、界面功能设计以及根据个人爱好的自动内容分发策略。国内的抖音设计几乎完全被复制到国外的版本上。

移动App有着天然的全球可扩张性，只需要开发出额外的App版本并稍作调整，然后在各国国家移动手机应用商店上架即可。这样的成本几乎可以忽略不计，但是这仅仅是国际化的第一步，截至目前，全球App开发上线数量已接近500万个，如何在数百万个移动应用中胜出，才是国际化成功的关键。国内最为成功的移动社交App微信，出海后的Wechat版本仍然局限在华人社群，并没有成为当地的热门爆款，而抖音是如何做到的呢？

收购Music.ly缩短启动周期

为了快速进入国外市场，抖音在2017年花费10亿美元的代价收购了一款较早开发的短视频App Music.ly，这是一款由中国创始团队开发的2014年就上线的App，这款App主要是音乐短视频应用——用户自己拍摄视频，然后配上乐库的音乐，进行分享。该App在2017年全球用户数量接近2.4亿，并且主要是年轻用户。收购完成后，2018年8月，抖音将Music.ly的用户和视频音乐内容完全纳入其中，这种策略手段极大地缩短了抖音在国外的启动时间。

本土化的运营策略

TikTok和抖音的产品设计几乎完全一样，但是字节跳动并没有因为国内的成功，而直接将国内的团队转移到国外进行市场开发，其选择的是完全的本土化运营。TikTok的本土化，主要是依靠当地的运营团队，发掘当地的地方特色文化，开发出适合当地用户的活动内容，并对其进行精细化的引导和经营。TikTok的本土化主要从以下几个方面着手。

（1）海外本土团队

TikTok在国外的运营团队不仅都是当地人，而且国外公司的高管也几乎都是外国人。2020年7月，单单就美国范围内员工人数就超过了1400人。

根据新京报的相关统计：

2019年10月，前华纳音乐集团高管奥莱·奥伯曼（Ole Obermann）担任字节跳动音乐总监。

同年12月，前谷歌高管西奥·伯特伦（Theo Bertram）担任字节跳动欧洲政府关系与公共政策总监。

2020年1月，前微软首席知识产权顾问埃里希·安德森（Erich Andersen）担任字节跳动法务副总裁。

同年4月，前Hulu高管尼克·特兰（Nick Tran）担任TikTok北美市场营销主管。

5月19日，前迪士尼高管凯文·梅耶（Kevin Maye）担任字节跳动首席运营官兼TikTok全球首席执行官。

这些世界知名跨国企业高管的加入，极大地推动了TikTok在海外的本土化发展和国际化进程。

（2）作为众包+社区的商业模式，抖音平台更注重引导本土化的创作，而不是创作人

由用户自发创作的内容是TikTok的核心资源。在全球市场拓展过程中，TikTok将主要的运营资源放在如何激发用户的创作方面。比如针对用户，发起各种好玩的挑战活动。TikTok在国外的运营并没有签约具体的网红人员，而是放手让用户自己去经营自己的粉丝社群。这样的模式下，更多的网红会在TikTok上不断地尝试挑战。

此外，为了吸引用户对平台社区的关注和加入，TikTok在海外也会定时主办各种线下活动。一位泰国用户表示："这些都是在Instagram和YouTube上所没有的。"

TikTok的本土团队在创作引导方面，首先会做出大量的本地市场调研，同时这些本土员工也会根据自己的了解对本地的传统文化和习俗等给出很好的产品运营方面的建议。

（3）明星大V与本地网红策略

为了吸引用户的加入，TikTok本土化运营的另一个策略就是邀请明星大V的加入。任何一个国家和地区，明星对年轻人都有着极强的号召力。为了吸引各地的用户粉丝，TikTok会邀请本地的明星一起参与视频的活动创作和挑战。

在当地明星的号召下，年轻人往往也会跟风模仿，一起参与TikTok的挑战活动。

此外，TikTok团队在运营推广中发现，有着极强创作能力和表现欲望的“本地网红”对用户的吸引不亚于明星大V。为吸引用户，TikTok团队积极邀请Instagram、YouTube等平台上的各领域网红加入TikTok。

TikTok的市场开发战略

TikTok的成功还来源于其成功的市场开发战略。

TikTok最开始的市场开发重点是东南亚国家和地区，这些国家和地区一方面和中国有着更为接近的文化基因和经济、地理联系，另一方面这些国家市场互联网发展潜力较大，有着更多的人口，尤其是年轻人，这些都是TikTok的潜在用户群体。

公开数据显示，上线才半年左右，TikTok就成为泰国苹果应用商店下载量最高的App，随后成功在越南拿下下载冠军。2018年12月，TikTok获得印尼Google Play 2018年度“最佳应用”奖项。

在东南亚的成功后，TikTok将全球扩展的市场重点放在了日本、印度和美国。

日本和中国有着更为相似的文化基因，但是日本经济更为发达，人口众多，尤其是发达的二次元文化，这些因素都非常符合TikTok的市场定位。2018年12月，TikTok在日本超过 LINE、Google Maps 等经典应用，居于热门免费应用榜单榜首。2019 年 6 月，TikTok 荣获日本第 22 届文化厅媒体艺术节的娱乐类优秀奖。

而印度人口全球第二，且有大量年轻人口，并且印度移动互联网正处于高速的普及发展阶段。印度的下载量，占了 TikTok 全球下载量的 30%。2019 年 1 月，《印度快报》把 TikTok 列为印度人最喜爱的手机 App 应用之一。

美国，作为全球经济最发达、规模最大的发达国家，有着 3 亿多人口，并且作为移民国家，文化种族多元性强，是全球最大的文化创意国家。2020 年第一季度，TikTok 在美国市场累计下载量超过 1.65 亿次。

抖音（TikTok）国内和国外同步并进，以东南亚打前阵，然后重点发展个别主要国家市场，这样的市场开发战略是其全球拓展成功的重要原因之一。

全球化扩展中的挑战与问题

作为一款涉及文化传播的科技应用 App，抖音在全球扩展过程中遇到了数据隐私安全、文化宗教等各方面的问题。这些问题可以说伴随着抖音全球扩展的始终，有人比喻说，抖音在全球扩张进程中是戴着镣铐跳舞。这些问题如果处理不好，可能会导致它的消亡。

在印度尼西亚的暂时下架

2018 年 6 月到 7 月，刚刚进入印尼市场不到一年，TikTok 平台就因为低俗、暴力内容以及亵渎宗教被多次投诉。印尼政府宣称，软件平台上“很多内容是消极的、不雅的，对于孩子们而言非常不合适”，将暂时禁止用户访问该应用软件。据媒体报道，在 TikTok 被封禁期间，印尼政府收到了大量对 TikTok 的投诉信件，甚至有十几万人在网上请愿彻底封禁。当时在推特（Twitter）上甚至还出现了专门的 #antitiktok# 话题，大量东南亚用户要求政府加强对内容的审核，同时号召抵制 TikTok。

随后在 TikTok 积极公关下，公司“同意在印尼开设办事处，以便更及时与当地政府沟通，同时同意对负面内容进行审查”，才被解禁。根据中国经济网报道，2018 年 7 月 10 日 TikTok “已在印尼全面恢复服务，当地用户可正常访问”。

在印度的永久下架

印度是 TikTok 最为重要的海外市场之一，占了其全球下载总量的 30%。根据公开的信息，印度是字节跳动最大的海外用户市场，用户数量超过 2 亿。

早前，就有印度的国会议员批评 TikTok 在印度非法共享用户的数据。此外，TikTok 因为平台上的低俗、欺凌、骚扰等内容，在印度引发了大量社会性争议事件，甚至几十万人联名要求封禁 TikTok。

2019 年 2 月，印度地方政府开始封杀 TikTok，要求限制当地媒体机构对 TikTok 的使用。

2019 年 4 月，TikTok 第一次在印度全国范围内被下架。

两个月后，2019 年 6 月字节跳动同意在印度建立数据中心，印度用户的数据将完全被存储在印度，同时保证采取一系列的方案确保印度用户的数据隐私和安全。随后 TikTok 被解禁。

但是在 2020 年 6 月 30 日，又因为“威胁国家主权和安全”，印度政府封禁了中国公司的 59 款应用 App，其中就包括 TikTok。到 2021 年 1 月 26 日，公开媒体报道，印度政府将永久封禁这些 App。

在美国的一波三折

TikTok 在美国的发展可谓一波三折。美国是 TikTok 海外用户第二大规模市场，也是最为重要的市场之一。

早在 2018 年初，美国联邦贸易委员会（FTC）就因为 TikTok 违反《儿童隐私法》，未经监护人同意收集儿童个人信息，开始调查 TikTok。2019 年 2 月，TikTok 宣称与 FTC 达成和解，最终同意支付 570 万美元罚金。当然此时，实际被调查的主体责任人是被收购后的 Music.ly。

2020 年 7 月，美国提出因为“数据安全”，禁止联邦雇员在政府设备上使用 TikTok。

随后，美国政府逼迫字节跳动出售 TikTok 在美资产。

2020 年 9 月 18 日，美国政府宣布将执行对 TikTok 的禁令，不过 9 月 27 日，美国法院裁决暂缓实施这一行政命令。

2021 年 2 月 11 日，美国拜登政府要求联邦法院暂停对 TikTok 的禁令，并要求对其安全风险重新审查、广泛评估，这也意味着 TikTok 被要求出售在美资产的命令被“无限期搁置”。

此外，巴基斯坦也曾经多次因为平台内容而暂时封锁本国用户对 TikTok 的访问和使用，越南也因为知识产权问题多次起诉指责 TikTok。

全球化与本土化的协调是抖音全球扩张面临的重要问题，如何在全球化扩张的同时，更加适应当地的文化、习俗、法律等要求，是抖音，也是中国其他企业走出国门所需要思考的重要问题。

5

验证商业模式

商业模式验证的价值

创业思维不是一个线性的过程，而是一个循环往复、不断递进的过程（见图 5–1）。在商业模式的设计过程中，我们首先从灵感开始，然后分析我们的所有利益相关者，找出问题的复杂性：我们可以试着去理解解决方案或者是商业模式中所提取出的全部基本元素，通过它，我们可以对所有的利益相关者提出有吸引力的价值主张，以便让他们参与进来。之后我们设计一个解决方案、一个商业模式来实现我们的价值主张。

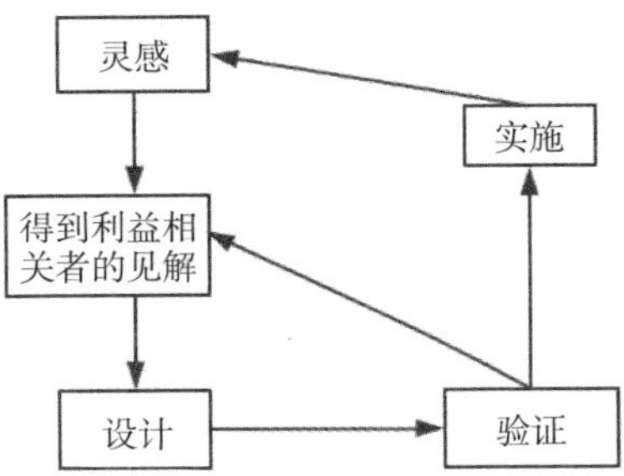

图 5–1 创业思维循环过程

那么，在设计完成之后，你还需要做什么？

你需要通过验证来处理创业的不确定性。在实施之前，你需要知道价格是多少、收入是多少、如何做后续维护，要回答这些问题，就必须验证你所提出的关键假设。这些假设支撑着你的商业模式和解决方案。在大多数情况下，你要通过和利益相关者持续沟通并不断更新解决方案，直到验证完成，并可以开始实施为止。

我们可以在一个坐标轴上画一个图，*X* 轴表示得到验证的程度，*Y* 轴表示不确定性程度的大小以及企业价值的多少，对所设计的商业模式所有关键元素进行测试（见图 5-2），我们做的验证越多，我们创业想法中留下的不确定性就越少。更少的不确定性，可以带来更高的企业价值。

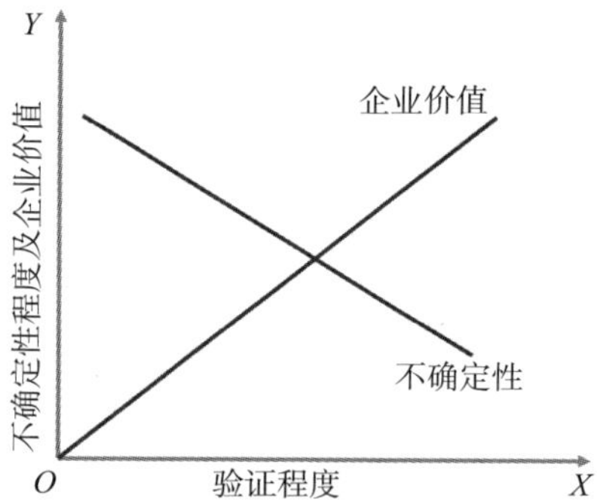

图 5-2　验证坐标轴

关于创业灵感或想法的验证，一个经验法则是问问自己："我敢不敢去银行办理房屋净值抵押贷款以支持自己的创业想法？"如果不敢，那说明你的创业想法还有很多不确定性。当然，这个思考工具通常是被用来检验自己是否有足够的信心的。你对自己的想法有足够的信心吗？如果没有，那么我们就需要回到循环过程的起点重新寻找灵感。

这个不断思考的结果是很有价值的。每一轮思考后，与你的创业项目有关的不确定性就会越低，创业的价值就会越高。所以如果一个风险投资家，他的基本想法通常是：针对这个问题，关于解决方案的想法，进行创业的代价是什么？如果不进行验证，他们的风险价值是多少？要获得商业成功，我们确实需要好的灵感。但是现实情况是，好的灵感并不一定能转化成有效的想法。

从本质上看，循环验证过程中，商业模式设计或解决方案设计的关键元素是什么？这些设计系统需要很多元素，你必须摸索、验证它们，这些听起来简单但不容易。一个基本的想法是把支撑你商业模式的主要问题、主要假设整理出来，然后去测试它们。这个很容易解释，但最终你必须在其中做很多工作。

创业思维过程中的大部分工作都发生在验证阶段。所以，不断回到基本假设，做出最好的计划。这就是为什么我们先设计，然后验证测试。在得到给我们的潜在客户最可行的产品之前，我们必须做最好的计划，必须保证设计的价值意义。

我们的研究表明，在大多数情况下，最初的想法是行不通的，我们将不得不进行多次调整。如果我们需要得到社会认可，我们就必须降低失败成本，进行快速的学习，并及时调整。这也是掌握商业模式验证方法的意义所在。

商业模式验证的方法

为了验证商业模式，我们可以使用图 5–3，关于商业模式设计的四个模块分析框架进行讨论。

目标产业 广义产业定义 可寻址市场 初始部门 计划扩张的市场区域	价值主张 主要利益相关者：终端用户（消费者）、渠道合作伙伴、关键供应商、政府等 每个利益相关者的价值主张：已解决的问题，解决方案的差异化因素
活动系统设计 收入模式（类型、频率、价格、收入流） 研发模式 生产模式（制造、物流） 进入市场的模式（渠道、促销）	商业模式所需资源 投资资本 人力资本 伙伴关系 有形资产 无形资产

图 5-3　商业模式验证四个模块

首先思考一下你的商业模式，然后考虑支撑你的商业模式设计的关键假设是什么，你必须验证的关键假设是什么。

第一步是“目标行业”的验证，这是最为重要的。我们要提下面的问题：

这个行业是否足够大，或者是否足够小？

这个行业 / 市场可进入吗？

进入壁垒是什么？

可能整个行业已经被别人垄断了，你根本无法进入。这就是你验证这个行业时要做的事情。

第二步是价值主张的验证，关键是要思考你想要为最重要的利益相关者解决的问题以及你的解决方案。

确认你的价值主张，就是和你的利益相关者交流，进行采访和调查，向他们展示你能提供什么，看看这些对他们来说是否有意义。如果不是这样，那么你必须从头开始。除非你能让所有关键的利益相关者都参与到你的创业项目中来，否则你的商业模式构想是不会被采纳的。

第三步是活动系统设计的验证，需要验证商业模式第三模块中的所有关键元素，包括验证收入流、验证生产模式、验证进入市场的模式。验证收入流就是确保定价是合适的、收入是可以实现的。生产模式的验证就是要确保关键组件的开发计划可行。通常你必须展示你的样本产品，例如，如果考虑软件创业公司，你必须向开发人员展示你的产品原型，看看它是否可实现，要花多少钱，要花多长时间。这就是验证生产模式的方式。验证生产模式的时候，还需要找到生产者，并确保他们能够兑现相应的承诺。

验证进入市场的模式就是验证你的客户渠道是否可以实现、获取、使用。例如，你可以做一个试点，看看你的客户获取成本是否和你预期的一样，或者你可以和行业专家谈谈，可以和公司的营销人员交谈，你可以做很多事情来验证你的进入市场模式，本书稍后会讨论具体的使用方法。

第四步是商业模式的资源验证。资源的验证是为了确保你能够成功获得必要的资源。你可以自主开发它们，或者你可以购买它们，也可以从别人那里获取。通过和那些资源提供者沟通，你会对商业模式的可行性有更深的认识。如果不可行，或者你找不到有力的证据来支持你的假设，你通常不得不从头开始，通过试着调整你的商业模式，调整你的解决方案，使其能够通过验证阶段。

商业模式验证计划表

作为一个企业家或创业者，你自己是最有兴趣从验证中获得客观数据的人。因为如果这个商业模式在纸上可行，但在现实世界中不可行，那意味着你没有很好地验证它。我们希望，最好是在验证阶段就可以证明失败，然后在验证阶段重新回到绘图板上，而不是试图去耗费资源实现一些一听就有问题的商业模式。

因此，验证商业模式至关重要。验证的内容和频次越多越好，这是我们必须认真对待的工作。作为一个企业家，你必须验证你的商业模式，必须在向投资者推销你的创业计划之前，就把所有这些错误想法都剔除掉。

对企业家或创业者而言，最重要的是这种验证方法要非常系统化。因此，这里我们将给出一些更为详细、更为系统的验证计划。在这个商业模式验证计划中，创业团队需要考虑到所有支撑他们商业模式发展的基本要素和所有基本假设。

此外，当你开始进行财务项目预测时，你会发现有一些假设不太好验证，比如客户获取成本或者研发成本你并不知道，但你仍然需要给出一些数字和财务预测，以确保这些数字以及在财务预测中所做出的合理估计也可以在这个表格中找到。

初始市场存在的验证：你必须做足功课，来看看你是否有足够的客户，你是否能够通过监管要求，是否能真正进入这个利基市场。

价值主张的验证：就是测试问题是否存在，提出的解决方案能否解决你所面临的问题。这也就是为什么我们需要一个样本，因为样本产品或最小可行产品实际上允许我们去核实我们所提议的解决方案是否切实解决了问题，等等。

商业模式设计的验证：我强烈建议将收入流、成本、客户获取、生产流程等所有关键假设都放在表 5-1 商业模式验证计划表中。

表 5-1 商业模式验证计划表

假设	测试方法	成本
验证目标行业		
H1：存在初始细分市场		
H2：可以达到初始利基		
……		
验证价值主张		
H3：存在问题（痛苦 / 挫败）		
H4：拟议的解决方案解决了该问题		
H5：价格合适		
……		
验证商业模式设计		
H6：收入流 X 是可行的（可以在……期间产生 Y）		
H7：整体的商业模式设计是可以获利的		
……		
验证资源		
H8：可以获取资源 X（测试可用性、时间、价格、质量……）		

通常你会有 15 ～ 20 个关键假设需要测试。然后你要考虑每个假设的测试方法，以及成本。

企业家或创业者会发现在绝大多数情况下，企业家或创业者可以在零成本的情况下免费测试所有的商业模式设计，或者说可以用很小的预算进行测试。比如，你要做一次飞行发射，你需要一些钱来测试你的商业模式的运作，但在大多数情况下，验证几乎不需要花费什么成本。这是保证能够在早期就判断出商业模式是否可行，或者在商业模式验证阶段实现廉价失败的关键思想。例如，如果你要测试一下客人对新款菜的反应，你可以把新菜和关于它的描述加入 iPad 菜单。如果有许多客人点，你知道它有潜力。当然，因为你还没有这道菜，你要给点菜的客人一些优惠，补偿他们暂时得不到的遗憾。这里的要点是，企业家或创业者可以有许多低成本验证的方法。

当然，利用种子资金来进行商业模式验证通常是最佳方式，但这却是很多新成立的创业公司不能做到的。通常创业公司的创始人想要把他们能拿到的所有种子资金都投入研发来开发和改进他们的产品，但其实最好的方法是把他们有限的种子资金用来验证。因为在这个阶段他们可以看到，也许他们不需要开发这个产品，因为也许无论如何，他们无法实现市场推广。

我们的经验是，无论你有资本还是没有资本，你总是可以找到验证的替代方法。

测试方法

这部分我们讨论一些具体的测试方法，下面将列出最重要的一些类别。这些方法能够帮助我们测试整个商业模式设计是否有利可图，或者价格是否合适。

第一，可以依靠二手数据进行分析。我们需要阅读所有的相关行业报告分析或者专业期刊。我们总是可以从二手数据和领域专家的数据中获得需要的信息；我们可以和一些已经在这个行业中曾经尝试过或者已经在这个行业中工作过并经历过这个问题的人交谈，并向他们展示我们的想法，来看看我们的想法是否有效。二手数据分析是商业模式验证过程中必须完成的工作。

第二，原始数据分析。原始数据就是自己去收集数据，收集一些无法在其他地方获取的东西。我们可以亲自观察客户是否确实有类似的问题。比如，如果观察到的 100 个客户中有 50 个经历过这个问题并且做过我们想要解决的事情，那么，我们可以按照他们的原有方式进行。或者也可以对利益相关者进行访谈，并召集小组进行聚焦讨论。

在商业模式验证阶段，最为重要的就是有效的统计数据。在和利益相关者共情分析阶段，如果我们给予数字更多的重视和挖掘，我们就能够准确地找到问题所在。比如说，在这个阶段，我们需要有成百上千的观察结果才能从成千上万的潜在客户中找出有多少人愿意购买我们的解决方案。所以，在这个阶段我们需要重点收集利益相关者的主要数据。

第三，做出一些产品的样本原型。这是测试我们的解决方案的技术可行性的方法，样本原型也是在我们的调查中向我们的利益相关者传达我们正在做什么的最好的方法之一。

第四，有限规模的推出或试运行。这是测试我们的商业模式是否有效的最可靠的方法之一。例如，如果我们打算在整个美国开始创业，我们可以试运行一段时间，比如在马萨诸塞州或亚利桑那州的某个地方，看看我们的企业是如何工作的。试运行阶段，我们会得到所有我们需要的数字，比如获取客户的成本等，这能帮助我们在美国全国范围内扩大规模。所以，如果有试运行的机会，我们一定不要放过。

第五，我们也可以采取现在正在流行的众筹模式。如果我们在开发一些有形的东西，我们可以尝试借助于 Kickstarter 或类似的众筹平台，看看人们是否愿意为之买单。这是验证商业模式的另一种方法。

第六，对财务报表进行分析。虽然这些项目和分析都是在表格上完成的，但是我们仍然需要至少在纸面上能够确保我们的商业模式能够有效。如果在纸面上都行不通，那么它在实践中也不会起作用（见图 5–4）。

以上是检验我们商业模式假设要素的六个主要方法，这些假设要素是构建我们商业模式的基础。

当我们向投资者推销产品时，我们通常并不能够向投资者展示真实的产品，但是如果我们有这个表格，能够针对商业模式的验证系统地进行实验或数据分析，那么我们将有充分确凿的证据来解释所有的担忧和回答投资者的问题。

（1）二手数据分析

（a）行业报告、分析、期刊

（b）来自该领域的专家的数据

（2）利益相关者的主要数据：收集和分析

（a）观察

（b）调查

（c）访谈 / 焦点小组

（3）原型架构

（4）有限范围内推出

（5）集资

（6）分析预期的财务报表

图 5-4　测试方法

客户验证

现在，来看看主要客户的验证。

在这里，关键的考验是，我们的主要客户想不想要你的产品。如果不，那么其他一切最终都将变得无关紧要。在这种情况下，如果我们做的是一个直接面向消费者的商业项目，测试我们的创业想法的一个最好的办法就是在 B2C 的设置背景下分析客户。当然如果我们需要从潜在企业客户那里得到反馈信息，大多数情况下我们并不会收集数百个答案。但是在 B2C 领域，为了能够进行一些统计分析，看看我们的想法是否与主要客户产生共鸣，我们必须收集数以百计的消费者反馈。

要做好这些，我们建议可以尝试设计两页表格（见图 5-5）。

> **真实性检查的实地研究仪器**
>
> **第 1 页：关于价值主张的说明**
>
> [企业名称] 正在解决 [什么问题] 的问题。由于 [为什么？]，它与其他替代方案不同。我们承诺的收益是 [主要收益]。
>
> **第 1 页：解决方案的简单图形描述（例如，示意图、原型、最终产品的图像）**
>
> **第 2 页：问卷**

图 5-5　主要客户验证：关键测试

第 1 页，解释你的公司在做什么，你的公司叫什么名字，正在解决的问题；并且清楚地解释这些问题，如何不同于其他替代产品；承诺的主要好处是什么。你可以直接用三句话概括出你的价值主张。如果你在和客户进行一个访谈，你可以口头表达出来，或者也可以把它们写在记录的第 1 页。在同一页，你还必须展示一个解决方案的简单图形描述。你需要这些图表、样品、最终产品的图片，以便让主要客户了解你的价值主张，并立刻明白你的解决方案。这样，你就能清楚地与客户沟通，并从客户那里得到反馈。

第 2 页是问卷调查。我们建议在调查中提出这样一些典型的问题：

第一个问题是关于受访者的一些人口统计方面的问题。无论你需要在细分市场中捕捉到什么信息，比如说，你的目标人群是什么性别、什么社会经济地位、什么职业，都可以放在这一部分。

问题二，我们希望能够通过以下这几个问题了解产品服务旨在解决的问题。我们通常不会直接问：你在生活中经历过这个问题吗？你是我们解决方案的潜在客户吗？因为如果直接问，他们很可能说“不，我不是你们的潜在客户”。不过，这不代表他们没有这样的问题，而是因为他们已经有了他们喜欢的解决方案或产品。所以，我们通常会这样问："这个问题是你的痛点吗？"

问题三是一个至关重要的问题：您对目前用于解决此问题的产品和服务有多满意？

你的解决方案可能超级优越，但如果顾客对他们已经拥有的东西感到满意或非常满意，很有可能他们不会关注你提供的服务。没有大量市场营销努力，没有巨大的获客成本的投入，强迫他们采用你的解决方案几乎是不可能的。比如说，如果在100个客户中有80个人有这个问题，但是在这80个人中，65人说他们对目前的解决方案感到满意，这种情形下你的营销可能不会成功。除非你有巨大的实力，而且你有数十亿美元来投资推销。

所以说，我们一般无法克服客户的有限理性。他们无法在生活的各个方面做出最佳的决定。仅仅是只要他们快乐、满意或非常满意，你就有可能无法获取这些客户。

现在，第四个问题是：您认为我们的产品与现有的解决方案有什么不同吗？这是测试你所提供的差异化解决方案对客户来讲是否真的存在不同。如果不是这样，或者说和现有的解决方案没有什么差异，或许你应该放弃你的产品或者创业想法。

问题五，你要通过这个问题来测试产品可能的价格。

当然，你的价格必须低于客户愿意支付的价格，但要尽可能接近其支付意愿。但如果你直接问的是付款的意愿，客户不太可能先回答你，因为他们自己也不知道，即使他们有想法，他们也没有动机告诉你真相。如果你直接问"我有一支质量很好的钢笔，您愿意出多少钱购买”，就不能对答案的质量抱有任何期望。

相反，验证商业模式的经验法则是，当你测试支付意愿时，可以询问当前类似的问题解决方案。具体来说，比如问：应该如何操作呢？你可以问：与您现在使用的产品和服务相比，您愿意为我们提供的服务支付多少钱？按照这种方式完成整个过程，而不是简单的直接说，可能会更好。例如，先展示一支派克钢笔，然后你展示更贵的万宝龙钢笔，可以肯定的是，万宝龙钢笔更贵。然后可以问：与您当前的解决方案相比，您愿意出多少钱买我的万宝龙钢笔？回答包括：什么也不，这基本上意味着他们不关心你提供的东西，然后是“少很多，少一点，相同，多一点，多很多”等不同水平的回答。这是得到价格点的好方法：比较两个竞争对手，比较两个替代品，而不要直接问你愿意出多少钱买这支钢笔。

问题六和问题七问的是，你为当前的解决方案付了多少钱，你多久买一次，花费多少。

让我们回到这个钢笔的例子。如果你有一支标准的高端钢笔，你要介绍一些有价值的更高端的东西，解释你的钢笔如何比目前的解决方案更好。

在第五个问题中，询问客户是否愿意付钱，通过比较两种方案，得到他们愿意为你的笔付多少钱的答案。而第六题和第七题，主要是为了试着算出顾客现在为他们的钢笔已经支付了多少钱。这些问题将给你一些启发，这是了解顾客支付意愿的最好方法之一。

问题八和问题九是，最佳的销售渠道 / 地点是什么。这将给你一些关于客户通常在哪里购买的想法。

第九个问题是客户从哪里得到关于产品服务的信息。显然是关于谁提供信息，谁是决策者，或者谁帮助客户做出购买产品或服务的决定。这个问题会帮助你判断在哪里做广告以及如何接近客户，并提供一些想法和启迪。

问题十，一旦我们的产品上市，从非常不可能到非常可能，你愿意购买的可能性有多大，这个问题在市场调研中经常被用到。有很多人对这个问题的准确性表示怀疑，从而产生了意图和行动之间的差距。顾客会说，一旦你的产品有货，他们就会购买，但最终他们不会言行一致。但这个问题仍然很有趣，因为这个问题给出了你关于市场估计的上限。比如说，如果在 100 个客户中，有 80 人表示，一旦你的产品上市，他们可能或非常可能会购买。那么，你可能只能把这些人中的一半放到项目的财务预测中。

当然，具体的判断需要经验。至少你能从第十题中得到一些依据，你将得到对你的潜在市场的上限估计。

特别要说明的是，这个问题列表是可以继续延展的，通常你会有 10 ～ 12 个问题，所以你可以添加一些与你的创业相关的东西（见表 5-2）。这些问题是为了给你一些想法和启发，让你了解如何通过比较两种替代品来间接获得客户的支付意愿，然后你也会了解到最好的销售渠道和最好的广告方式。

表 5-2　问题清单（不完整）

序号	问题内容	可能的选择
1	受众特征（询问与你的细分市场相符的关键特征）	

续表

序号	问题内容	可能的选择
2	我们的产品 / 服务旨在解决以下问题：[……]。您是否在生活中遇到过这个问题？	是 – 否
3	您对现在用于解决此问题的当前产品 / 服务的满意度如何？	非常不满意 – 不满意 – 满意 – 非常满意
4	您认为我们的产品与现有解决方案有区别吗？	没什么不同 – 有些不同 – 很有特色
5	与您现在使用的产品 / 服务相比，您愿意为我们的产品支付多少费用？	少很多 – 少一点 – 相同 – 多一点 – 多很多
6	您多久使用一次类似的产品或服务？	开放式
7	您购买的每件商品花费多少美元？	开放式
8	购买此类产品 / 服务的最佳地点在哪里？	开放式
9	您从哪里获得有关此类产品 / 服务的信息？	开放式。查找优选的信息源
10	一旦有可用的产品，您愿意购买我们的产品的可能性有多大？	很不可能 – 不太可能 – 中立 – 有可能 – 很有可能

有限规模的首次推出、试运行

现在，我们重新回到这个问题上——有限规模的首次推出、试运行，能为你未来的创业成功提供最好的支持。所以如果有一种方法可以让你进行小规模试点试验，来证明你的创业的可行性，你一定要去做。

所以如果你想在整个加拿大创建一个新企业，不妨从一个像多伦多这样的小区域开始，看看它是如何运作的，然后你会得到你需要的所有东西，比如，价值主张的验证、客户获取的成本等，这一切都可以通过试运行后真实的收入获取情况得到说明。

现在，如果我们卖的是有形的东西，是可以很容易地向客户展示清楚的一些产品，那么我们可以在网上开设一个小网点。这种方式的成本，和 10 年前比已经很低了，现在一个基础电子商务网站每个月的服务成本仅仅需要 29 美元左右。然后，你可以用脸书或 Instagram 为你的网站购买流量，或者其他任何方法，来让你的客户访问你的网站。通过这种方式，你可以实际测试到你的客户获取成本具体是多少。

你能够提供不同的价格，来看看需求的价格弹性。你还可以通过改变你在电子商务网站上呈现的产品特征，来验证你的价值主张。通过这种方式，看看你的客户真正想要什么，等等。

所以有限的推出或试运行是一个非常重要的测试方式。

一旦你需要从创业基金或风险投资家那里筹集资金，你将需要证明你的模式是有效的、成功的，并且需要资金来扩大成功的商业模式。有限的推出或试点是实现这一点的重要方法。

然后我们来看看众筹模式。众筹基金，Kickstarter 等类似的平台，尽管它们最初是为了让新创投者获得初始资金来完成产品的开发，然后他们的支持者会得到这个产品，但是现在这些平台被越来越广泛地用于验证企业的价值主张和定价。

所以，如果你对一些可以通过 Kickstarter 或 Indiegogo 等平台进行销售的有形的产品开发有想法，不妨试试，看看他们是如何做的，看看某个价格水平能得到多少支持者。这种模式可以为你提供一个防弹效果。因为人们是把钱真正投进去而不是仅仅说他们有多大可能从你这里购买。他们会为你的创业项目提供真实的资金支持。

商业模式验证是任何创业项目在创业过程中最为重要的部分。商业模式验证就是测试支撑你的商业模式的关键假设是否成立。你做的验证越多，创业项目的不确定性越小，项目的价值就越高。商业模式验证，简单但不容易。你大部分的时间应该花在验证你的商业模式上，而不是写作上。一份好的商业计划不单是做出财务预测（尽管财务方面的预测和验证也很重要），更多的应该是充分验证你的商业模式。

参考文献

[1] Al-Debei M M , Avison D . Developing a Unified Framework of the Business Model Concept[J]. *European Journal of Information Systems*, 2010, 19(3):359-376.

[2] Bowman C , Ambrosini V . Value Creation Versus Value Capture: Towards a Coherent Definition of Value in Strategy[J]. *British Journal of Management*, 2000, 11(1):1-15.

[3] Calia R C, Guerrini F M, Moura G L. Innovation Networks: From Technological Development to Business Model Reconfiguration[J].*Technovation*,2007,27(8):426-432.

[4] Cavalcante S A, Kesting P, Ulhøi J P. Business Model Dynamics and Innovation: (Re)establishing the Missing Linkages[J].*Social Science Electronic Publishing*, 2012,49(8):1327-1342.

[5] Chesbrough H,Rosenbloom R S.The Role of the Business Model in Capturing Value from Innovation: Evidence from Xerox Corporation's Technology Spin-off Companies[J].*Social Science Electronic Publishing*,2002,11(3):529-555.

[6] Christopher M,Marley C,Kornreich B T.Social Innovation at Salesforce.com[J]. *Harvard Business School*,2014(7):1-18.

[7] Da Silva C M,Trkman P.Business Model: What It Is and What It Is Not[J].*Long Range Planning*, 2014,47(6):379-389.

[8] Demil B,Lecocq X.Business Model Evolution: In Search of Dynamic Consistency[J]. *Long Range Planning*,2011,43(2-3):227-246.

[9] Drucker P.The Theory of the Business[J].*Harvard Business Review*,1994,72(5): 95-104.

[10] Dubosson T M,Osterwalder A,Pigneur Y.E-business Model Design, Classification, and Measurements[J].*Thunderbird International Business Review*,2002,44(1):5-23.

[11] Gambardella A,Mcgahan A M.Business-Model Innovation: General Purpose Technologies and their Implications for Industry Structure[J].*Long Range Planning*,2010,43(2-3):262-271.

[12] George G,Bock A J.The Business Model in Practice and its Implications for Entrepreneurship Research[J].*Entrepreneurship Theory & Practice*,2011,35(1):83-111.

[13] Johnson M W,Christensen C C,Kagermann H.Reinventing Your Business Model[J].*Harvard Business Review*,2008,35(12):52-60.

[14] Kindstroem D.Towards a Service-based Business Model-Key Aspects for Future Competitive Advantage[J].*European Management Journal*,2010,28(6):479-490.

[15] Kippenberger T. The Theory of the Business[J]. *Harvard Business Review*, 2013, 35(1):9-11.

[16] Ma D.The Business Model of "Software-As-A-Service"[C]//IEEE International Conference on Services Computing(SCC 2007).IEEE,2007.

[17] Magretta J.Why Business Models Matter[J].*Harvard Business Review*,2002,80(5):86-92,133.

[18] Mahadevan B.Business Models for Internet-Based E-Commerce:An Anatomy[J].*California Management Review*,2000,42(4):55-69.

[19] Mi Ji, Jee E L, etc. Salesforce.com:Creating a Blue Ocean in the B2B Space[J]. *Insead the Business School for the World*,2014(05):1-11.

[20] Nenonen S,Storbacka K.Business Model Design:Conceptualizing Networked Value Co-creation[J].*International Journal of Quality & Service Sciences*,2010,2(1):43-59.

[21] Ozkan-Canbolat E,Bas A,Cafri R.An Alternative Forms of Organizing Business Model:A Model of Value Creater Networks[J].*Procedia-Social and Behavioral Sciences*, 2014,150:77-87.

[22] Rappa M A.The Utility Business Model and the Future of Computing Services[M]. Armonk: IBM Corp.2004.

[23] Richardson J.The Businss Model: An Integrative Framework for Strategy Execution[J].*Strategic Change*,2008,17(5-6):133-144.

[24] Saebi T, Foss N J.Business Models for Open Innovation: Matching Heterogeneous Open Innovation Strategies with Business Model Dimensions[J].*European Manage-*

ment journal: EMJ,2015,33(3):201-213.

[25] Sr A, Hlk B, Sa C,et al.Business Model Innovation in Demand Response Firms: Beyond the Niche-regime Dichotomy[J].*Environmental Innovation and Societal Transitions*,2021,39:1-17.

[26] Thomas R.Business Value Analysis: Coping with Unruly Uncertainty[J].*Strategy & Leadership*,2001,29(2):16-24.

[27] Vladyslav B,Oleksiy O.Value Creation Mechanisms of Business Models: Proposition, Targeting, Appropriation, and Delivery[J].*International Journal of Entrepreneurship and Innovation*,2018:1-31.

[28] Voelpel S,Leibold M,Tekie E B.The Wheel of Business Model Reinvention: How to Reshape Your Business Model to Leapfrog Competitors[J].*Journal of Change Management*,2004,4(3):259-276.

[29] Walters D.A Business Model for the new Economy[J].*International Journal of Physical Distribution & Logistics Management*,2004,34(3-4):346-357.

[30] Zott C , Amit R , Massa L : The Business Model: Recent Developments and Future Research[J]. *Social Science Electronic Publishing*, 2011, 37(4):1019-1042.

[31] Zott C,Amit R.Business Model Design: An Activity System Perspective[J].*Long Range Planning*,2009,43(2-3):216-226.

[32] Zott C,Amit R.The Business Model: A Theoretically Anchored Robust Construct for Strategic Analysis[J].*Strategic Organization*,2013,11(4):403-411.

[33] 奥斯特瓦德，皮尼厄．北京：商业模式新生代［M］．王帅，王心宇，严威，译．北京：机械工业出版社，2011.

[34] 陈威如，余卓轩．平台战略：正在席卷全球的商业模式革命［M］．北京：中信出版社，2013.

[35] 陈新华，封智勇，余来文．互联网思维下的企业商业模式转型［J］．商业经济研究，2016(10):87-88.

[36] 陈秀英，刘胜．网络外部性下的网上支付产业竞争与创新［J］．当代经济管理，2015, 37(11):64-70.

[37] 陈学猛，丁栋虹．国外商业模式研究的价值共赢性特征综述［J］．中国科技论坛，2014(2):143-149.

[38] 成文，王迎军，高嘉勇，等．商业模式理论演化述评 [J]．管理学报，2014，11(3)：462.

[39] 范家琛．众筹商业模式研究 [J]．企业经济，2013(8)：72-75.

[40] 高闯，关鑫．企业商业模式创新的实现方式与演进机理：一种基于价值链创新的理论解释 [J]．中国工业经济，2006(11)：83-90.

[41] 高金余，陈翔．互联网环境下的企业商业模式概念和定位研究 [J]．管理工程学报，2008(2)：156-158.

[42] 郝秀清，张利平，陈晓鹏，等．低收入群体导向的商业模式创新研究 [J]．管理学报，2013，10(1)：62-69.

[43] 李鸿磊，柳谊生．商业模式理论发展及价值研究述评 [J]．经济管理，2016(9)：186-199.

[44] 李杰．国外商业模式研究的最新发展 [J]．江苏商论，2010(12)：21-23.

[45] 李青，侯忠霞，王涛．大规模开放在线课程网站的商业模式分析 [J]．开放教育研究，2013(5)：71-78.

[46] 李文莲，夏健明．基于“大数据”的商业模式创新 [J]．中国工业经济，2013(5)：83-95.

[47] 李长云．创新商业模式的机理与实现路径 [J]．中国软科学，2012(4)：167-176.

[48] 李长云．新一代信息技术引致商业模式创新路径研究 [J]．商业研究，2012，(10)：149-154.

[49] 李振勇．商业模式：企业竞争的最高形态 [M]．北京：新华出版社，2006.

[50] 梁云志，司春林．孵化器的商业模式研究：理论框架与实证分析 [J]．研究与发展管理，2010，22(1)：43-51.

[51] 刘晓娴，胡兴球．互联网企业商业模式创新途径探讨：以亚马逊公司为例 [J]．商业经济研究，2015(26)：95-96.

[52] 卢恩瑶．2019—2020 年中国盲盒经济崛起的四大原因 [EB/OL]．(2020-07-03) [2021-05-30]．https://new.qq.com/omn/20200702/20200702A0V8F700.html.

[53] 卢益清，李忱．020 商业模式及发展前景研究 [J]．企业经济，2013(11)：98-101.

[54] 罗珉，曾涛，周思伟．企业商业模式创新：基于租金理论的解释 [J]．中国工业经济，2005(07)：73-81.

[55] 罗珉，李亮宇．互联网时代的商业模式创新：价值创造视角 [J]．中国工业经

济，2015，57(1)：95-107.

[56] 罗珉．商业模式的理论框架述评 [J]．当代经济管理，2009，31(11)：1-8.

[57] 马霞． 商业模式类型发展趋势综述 [J]． 决策与信息， 2016(20)：63.

[58] 孟韬，张黎明，董大海．众筹的发展及其商业模式研究 [J]．管理现代化，2014(02)：50-53.

[59] Mob 研究院．2020 盲盒经济洞察报告 [EB/OL](2020-12-22)[2021-03-20]https://www.mob.com/mobdata/report/120.

[60] 潘建林．新零售理论文献综述：兼论四构面商业模式 [J]．商业时代，2019(5)：9-11.

[61] 邱洁威．国外商业模式理论研究综述（1929 ～ 1999 年）[J]．学术评论，2010(8)：49-53.

[62] 三谷宏治．商业模式全史 [M]．南京：江苏凤凰文艺出版社，2016.

[63] 史晋川，刘晓东．网络外部性、商业模式与 PC 市场结构 [J]．经济研究，2005(3)：91-99.

[64] 孙黎，朱武祥．轻资产运营：以价值为驱动的新商业模式 [M]．北京：中国社会科学出版社，2003.

[65] 孙永波．商业模式创新与竞争优势 [J]．管理世界，2011(7)：182-183.

[66] 王伟毅，李乾文．创业视角下的商业模式研究 [J]．外国经济与管理，2005，27(11)：32-40.

[67] 王迎军，韩炜．新创企业成长过程中商业模式的构建研究 [J]．科学学与科学技术管理，2011(9)：51-58.

[68] 魏拴成．众包的理念以及我国企业众包商业模式设计 [J]．技术经济与管理研究，2010(1)：36-39.

[69] 魏炜，朱武祥，林桂平．基于利益相关者交易结构的商业模式理论 [J]．管理世界，2012(12)：125-131.

[70] 魏炜，朱武祥．发现商业模式 [M]．北京：机械工业出版社，2009.

[71] 邢小强，仝允桓，陈晓鹏．金字塔底层市场的商业模式：一个多案例研究 [J]．管理世界，2011(10)：108-124.

[72] 许颖．共享经济的成因、内涵与商业模式研究 [J]．中国商论，2018(22)：170-171.

[73] 原磊． 国外商业模式理论研究评介 [J]． 外国经济与管理， 2007， 29(10)：17-

25.
[74] 原磊. 商业模式体系重构 [J]. 中国工业经济, 2007(6): 70-79.
[75] 曾涛. 企业商业模式创新：一种更重要的核心竞争力 [J]. 经济体制改革, 2006(2): 70-73.
[76] 张敬伟，王迎军. 基于价值三角形逻辑的商业模式概念模型研究 [J]. 外国经济与管理, 2010(6): 1-8.
[77] 张敬伟，王迎军. 商业模式与战略关系辨析：兼论商业模式研究的意义 [J]. 外国经济与管理, 2011, 30(4): 10-18.
[78] 张可佳，张钰. 我国 O2O 商业模式的发展现状研究综述 [J]. 中国市场, 2019(26): 76+81.
[79] 张婷婷，原磊. 基于"3-4-8"构成体系的商业模式分类研究 [J]. 中央财经大学学报, 2008(2): 79-85.
[80] 张越，赵树宽. 基于要素视角的商业模式创新机理及路径 [J]. 财贸经济, 2014, 35(6): 90-99.
[81] 赵晶，关鑫，仝允桓. 面向低收入群体的商业模式创新 [J]. 中国工业经济, 2007(10): 5-12.
[82] 郑志来. 共享经济的成因、内涵与商业模式研究 [J]. 现代经济探讨, 2016(3): 32-36.
[83] 周丽霞. 规范国内打车软件市场的思考：基于美国对 Uber 商业模式监管实践经验借鉴 [J]. 价格理论与实践, 2015(7): 21-24.

鸣谢

在复旦大学商业文明和共同体研究所支持下，“数字化时代的商业模式转型”的研究获得了今天的成果。研究所成立以来，开展了“数字化转型协同整合官”“繁荣的共同体模式”“新形势下地缘政治研究”“危机协同和场效应”“碳中和指数”等多个研究项目。本书是研究所诸多研究成果中的一部分。

商业文明和共同体研究所行政隶属于复旦大学管理学院。过去2年中，研究所受到复旦大学管理学院陆雄文院长、周健副院长和学院发展办阎峰老师的经常指导和帮助。我们的每一份出版作品都离不开他们的持续关注。雄文院长也是研究所理事会的理事长。在他的积极影响下，研究所的常务理事频繁参与到研究项目和研究主题的制定过程中。没有他们的建设性意见和指教，我们不可能连续推出一系列研究成果。

研究所的常务理事丁强生先生、徐石先生、韩旗律师、林锋博士，以及研究所第三届理事会成员宋海忠先生大力支持我们的学术研究。通过经常性的沟通，他们把商业实践智慧传递给研究人员，让学术与商业实践密切结合。本书也体现了这种结合的优势。

我们需要特别感谢的还有上海五角场创新创业学院和双创学院的执行院长杨苓女士。双创学院的数字化创想营吸引了大量创业人士参加。杨苓院长鼓励我们为双创学院的学员专门编写一本商业模式的专著。有了这个初心，才有现在大家看到的这本书。双创学院从事的大量公益教育活动为我们树立了榜样。我们也将此书贡献出来，作为双创学院在商业模式方面的教科书。

在本书写作过程中，我们的两位研究助理：上海纽约大学的许竞之同学以及北京大学的何明璐同学，也做出许多贡献。没有她们的帮助，本书的中英文内容就不可能如此流畅。

我们还要感谢的是蓝狮子公司的薛露和钱晓曦编辑。晓曦一直敦促我们多写书，写好书。薛露在本书最后阶段提出宝贵的建议。是他们的专业付出，让本书得以出版。当然如果其中出现了任何错误的地方，那肯定是我们自己的疏忽。

最后，在本书案例编写过程中，我们引用了国内外知名专家学者的观点。如果本书受到读者的欢迎，那是因为我们受益于互联网时代的群体智慧。